초등학생을 위한

나라를 망친 100명의 사람들

나라를 망친 100명의 사람들

2018년 1월 20일 초판 1쇄 펴냄 · 2021년 5월 10일 초판 3쇄 펴냄

펴낸곳 꿈소담이 **펴낸이** 이준하
글 서지원 **그림** 송영훈 **책임미술** 박지영

주소 (우)02880 서울시 성북구 성북로5길 12 소담빌딩 302호
전화 747-8970
팩스 747-3238
등록번호 제6-473호(2002.9.3)

홈페이지 www.dreamsodam.co.kr
북카페 cafe.naver.com/sodambooks
전자우편 isodam@dreamsodam.co.kr

ISBN 978-89-5689-166-8 74990
978-89-5689-035-7 (세트)

ⓒ서지원, 2018
- 책 가격은 뒤표지에 있습니다.
- 소담주니어는 ㈜꿈소담이의 어린이 교양 학습 전문 브랜드입니다.
- 이 도서의 국립중앙도서관 출판예정도서목록(CIP)은 서지정보유통지원시스템 홈페이지 (http://seoji.nl.go.kr)와 국가자료공동목록시스템(http://www.nl.go.kr/kolisnet)에서 이용하실 수 있습니다.(CIP제어번호: CIP2018011298)

초등학생을 위한

나라를 망친 100명의 사람들

서지원 글 · 송영훈 그림

머리말

역사의 거울을 보고 진실을 바로 알자!

이 책은 역사책입니다. 그런데 지금까지 나왔던 역사책과는 다른 역사책입니다. 교과서에도 나오지 않고, 지금까지 나왔던 역사책에서도 볼 수 없었던 인물들이 많습니다.

지금까지의 역사책들에는 주로 빛나는 업적을 이뤄 낸 위인들이 나왔습니다. 하지만 이 책은 나쁘고, 악하고, 게으르고, 자신을 위해 나라와 백성과 민족을 팔아먹은 사람들이 나옵니다. 이 책에 나오는 사람들은 부끄럽지만, 사실이었던 우리의 역사입니다. 부끄러운 짓을 했으면서도 부끄러운 줄도 몰랐던 사람들입니다.

자신의 욕심을 채우느라 올바른 판단을 하지 못한 왕, 나라를 잘 다스리지 못해 위험에 빠뜨리고, 나랏일을 게을리해서 백성을 괴롭게 한 왕, 나라를 망치도록 왕의 눈과 귀를 멀게 한 간신들, 욕심을 채우고 권력을 지키려고 해서는 안 될 짓까지 서슴없이 저지른 자들 그리고 자신의 부귀영화를 위해 일본에 민족과 나라를 팔아먹고, 누구보다 앞장서 일본에 충성한 친일파들까지 속속들이 이 책에 담았습니다.

이 책을 읽다 보면 얼굴이 화끈거리고 화가 나기도 할 것입니다. 나라를 망친 이런 인물들이 우리나라와 외국에 있었다는 사실을 알게 되기 때문입니다. 상상을 초월한 악행들이 수두룩했지만, 차마 다 담지 못했습니다. 그럼에도 불구하고 우리는 영광의 역사뿐만 아니라, 부끄러운 역사도 배워야 합니다. 우리나라의 과거에 훌륭한 일만 있었던 것은 아니니까요.

역사를 거울이라고 합니다. 역사는 과거를 보는 거울이 아니라, 미래를

보는 거울입니다. 역사를 통해 우리는 우리의 미래를 볼 수 있습니다. 부끄러운 역사를 알아야 또다시 그런 부끄러운 역사가 일어나지 않도록 할 수 있습니다.

지금 대한민국에는 적폐를 청산하고 새로운 역사를 시작하려는 변화가 거세게 일어나고 있습니다. 적폐란, 오랫동안 쌓이고 쌓인 폐단과 썩은 부패입니다.

이 책에서 가장 많은 부분을 차지하는 것이 친일파 이야기입니다. 우리나라는 친일 잔재를 제대로 청산하지 못했습니다. 수많은 관리, 정치인, 기업인, 문화 예술인들이 우리나라를 36년 동안이나 괴롭힌 일제에 충성하면서 자신과 자식들까지 출세와 돈을 보장받았습니다. 그런데 불행하게도, 우리나라는 민족과 나라를 배신한 친일파들을 청산하지 못했고, 대한민국은 불행하게 출발하게 되었습니다. '독립운동가 집안은 3대가 망하고, 친일파 집안은 3대가 흥한다.'는 말이 나올 정도였습니다. 대한민국의 첫 단추가 잘못 꿰어진 이후, 이승만 정부의 독재, 박정희, 전두환의 군사 쿠데타로 이어지면서 우리나라는 오랫동안 불행한 역사가 되풀이되었습니다.

부끄러운 역사를 바로 알고 제대로 청산해야 이런 비극의 적폐가 사라집니다. 민족과 나라를 배반한 사람들은 처벌을 받아야지 잘 먹고 잘 살게 해서는 안 됩니다. 우리가 함께 밝은 미래로 나아가려면, 나라를 망친 인물들을 제대로 알아야 합니다. 그래야 우리가 나아갈 방향을 깨닫게 되고, 다시는 일어나지 않도록 역사의 교훈을 삼을 수 있습니다.

부끄럽지 않은 삶을 살고 싶은 여러분의 친구 **서지원**

차례

1장
왕과 대통령

주왕₁ & 달기₂ ············ 16	진지왕₁₅ ············ 42
유왕₃ & 포사₄ ············ 18	진성 여왕₁₆ ············ 44
진시황₅ ············ 21	경애왕₁₇ ············ 46
무제₆ ············ 24	의종₁₈ & 무비₁₉ ············ 48
모본왕₇ ············ 26	원종₂₀ ············ 50
네로₈ ············ 28	충렬왕₂₁ & 무비₂₂ ············ 52
차대왕₉ ············ 30	충선왕₂₃ ············ 54
봉상왕₁₀ ············ 32	충혜왕₂₄ ············ 56
유의부₁₁ ············ 34	주원장₂₅ ············ 58
개로왕₁₂ ············ 35	연산군₂₆ ············ 60
동성왕₁₃ ············ 38	**꼬리를 무는 PLUS 인물**
의자왕₁₄ ············ 40	장녹수₂₇ ············ 62

선조 28 ········· 64	
인조 29 ········· 67	
꼬리를 무는 PLUS 인물	
귀인 조씨 30 ········· 70	
헨리 8세 31 ········· 72	
이반 4세 32 ········· 74	
앙리 2세 33 ········· 76	
메리 1세 34 ········· 78	
루이 14세 35 ········· 80	
히틀러 36 ········· 83	
보카사 1세 37 ········· 86	
수하르토 38 ········· 88	
이디 아민 39 ········· 90	
폴포트 40 ········· 92	
후세인 41 ········· 94	

2장
왕과 나라를 배신한 신하

동탁 42 ········· 98

예식진 43 ········· 100

연남생 44 ········· 102

채경 45 ········· 104

이자겸 46 ········· 106

홍대순 47, 홍복원 48,
홍다구 49, 홍중희 50 ········· 108

최탄 51 ········· 110

기철 52 ········· 112

조이 53 ········· 114

이인임 54 ········· 116

김자점 55 ········· 118

그리고리 라스푸틴 56 ········· 120

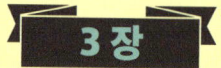

3장
왕 위에 군림한 궁중의 여인들

여후57 124

가남풍58 126

양 귀비59 128

기황후60 130

미실61 132

초요갱62 134

장 희빈63 136

김개시64 138

서 태후65 140

4장
일제 강점기에 일본을 지지하고 힘을 얻은 사람들

을사오적_ 이완용66, 박제순67, 권중현68, 이근택69, 이지용70 148

민영휘71 158

송병준72 160

이용구73 162

민병석74 164

박영효75 166

이인직76 168

장지연77 170

윤치호78 172

배정자[79] ······· 174	주요한[89] ······· 194
민원식[80] ······· 176	채만식[90] ······· 196
최린[81] ······· 178	현제명[91] ······· 198
최남선[82] ······· 180	유치진[92] ······· 200
이광수[83] ······· 182	모윤숙[93] ······· 202
김은호[84] ······· 184	노천명[94] ······· 204
홍난파[85] ······· 186	최승희[95] ······· 206
김활란[86] ······· 188	정비석[96] ······· 208
김환[87] ······· 190	김동진[97] ······· 210
김동인[88] ······· 192	김기창[98] ······· 212
	서정주[99] ······· 214
	조우식[100] ······· 216

1장
왕과 대통령

세상엔 나라를 훌륭히 잘 다스린 왕도 있지만
자기 욕심을 채우느라 올바른 판단을 하지 못한 왕,
듣기 좋은 말만 들어 나라 사정을 제대로 알지 못한 왕,
여인에 빠져 흥청망청 즐기느라 나랏일을 게을리한 왕 등
그러느라 백성을 돌보지 않고 나라를 잘 다스리지 못해 위험에 빠뜨린 왕도 있어요.
과연 어떤 왕들이 어떻게 나라를 어렵게 했는지 그리고 왕이나 황제, 대통령 등
백성을 등진 통치자가 어떻게 생을 마감하는지 알아볼까요?

주왕 & 달기

중국 상나라 마지막 왕. 재위 기원전 1075~기원전 1046

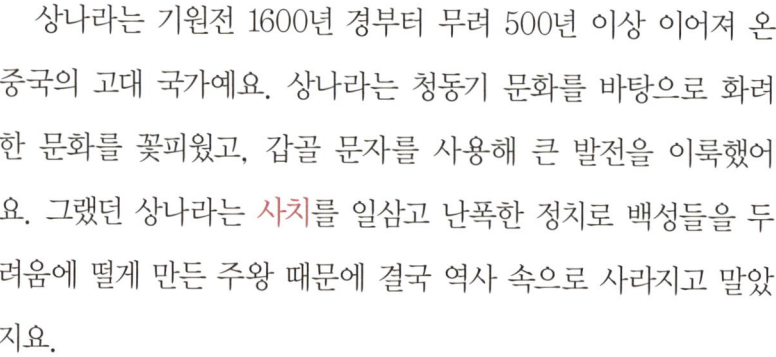

상나라는 기원전 1600년 경부터 무려 500년 이상 이어져 온 중국의 고대 국가예요. 상나라는 청동기 문화를 바탕으로 화려한 문화를 꽃피웠고, 갑골 문자를 사용해 큰 발전을 이룩했어요. 그랬던 상나라는 사치를 일삼고 난폭한 정치로 백성들을 두려움에 떨게 만든 주왕 때문에 결국 역사 속으로 사라지고 말았지요.

주왕은 원래 잘생기고 똑똑한 장수였다고 해요. 지략이 뛰어나 전투마다 승리하였던 주왕은 신하와 백성들의 지지를 받으며 왕이 되었지요. 그러나 왕이 된 후 점점 무섭게 변해 갔어요. 자신에게 바른말을 아끼지 않는 신하들에게 무서운 벌을 내리고, 달콤한 아첨을 일삼는 간신들만 곁에 두려 했어요. 그리고 주왕의 곁에는 항상 '달기'라는 여자가 함께 있었지요.

달기는 원래 상나라 주변 제후국의 딸이었어요. 주왕이 주변 지역을 정복하러 갔다가 달기의 미모에 반해 궁으로 데려왔어요. 달기는 얼굴도 예뻤지만 춤과 노래 솜씨도 뛰어났어요. 주왕은 달기를 후궁으로 삼고, 나랏일을 멀리한 채 달기와 연회를 즐겼지요.

주왕은 커다란 연못에 술을 가득 부어 놓고 연못 주변의 나무에 고기를 매달아 놓았어요. 배를 타고 다니며 술을 마시다가 배가 고프면 나무 위의 고기를 따 먹고, 또 술을 마시며 신선보다 더 호화로운 술판을 벌였지요. 이 일화에서 나온 고사성어가

사치 奢侈
필요 이상으로 돈을 쓰거나 분수에 넘치는 생활을 함.
奢 사치할 **사**
侈 사치할 **치**

아첨 阿諂
남에게 잘 보이려고 비위를 맞추어 알랑거림. 또는 그런 말이나 짓.
阿 언덕 **아**
諂 아첨할 **첨**

간신 奸臣
자기의 이익을 위해 나쁜 꾀를 부리는 간사한 신하.
奸 간사할 **간**
臣 신하 **신**

연회 宴會
축하, 위로, 환영 등을 위해 여러 사람이 모여 베푸는 잔치.
宴 잔치 **연**
會 모일 **회**

'주지육림'이에요. '술로 연못을 이루고 고기로 숲을 이룬다.'는 뜻으로, 매우 호화스러운 술잔치를 가리키는 말이에요.

가뜩이나 폭력적이고 사나운 성격을 가진 주왕은 달기의 부추김으로 인해 더욱 사납게 변해 갔어요. 죄인에게 가혹한 형벌을 내리고, 그것을 보면서 즐거워했던 거예요. 달기는 죄 없는 사람들까지 누명을 씌워 잔인한 벌을 내리고 괴롭혔지요.

뿐만이 아니었어요. 주왕은 수많은 백성들을 끌고 와 호화로운 궁궐을 짓게 했어요. 궁궐을 짓는 데 들어가는 돈 역시 백성들의 세금을 쥐어짜 거둔 것이었지요. 날이 갈수록 백성들의 원망은 하늘을 찌를 듯 높아져만 갔어요.

참다못한 제후들은 주왕을 내쫓기 위해 힘을 합쳐 공격했어요. 결국 무왕에게 패한 주왕은 자신이 지은 궁궐인 녹대에서 불타 죽고 말았지요. 달기 역시 연합군에 붙잡혀 죽임을 당했다고 해요. 상나라를 멸망시킨 무왕은 주나라를 건국했답니다.

주지육림 酒池肉林
술로 연못을 이루고 고기로 숲을 이룬다는 뜻으로, 매우 호화스러운 술잔치를 이르는 말.
酒 술 주
池 못 지
肉 고기 육
林 수풀 림(임)

형벌 刑罰
죄를 지은 사람에게 내리는 벌.
刑 형벌 형
罰 벌할 벌

제후 諸侯
일정한 영토를 가지고 그 영내의 백성을 지배하는 권력을 가지던 사람.
諸 모두 제
侯 제후 후

유왕 & 포사

중국 주나라 제12대 왕. 재위 기원전 782~기원전 771

'경국지색'이라는 말이 있어요. 이 말의 뜻은 '나라를 망하게 할 만큼 아름다운 여인'이라는 뜻이지요. 이 말은 포사라는 여자 때문에 생겨났다고 해요.

주나라를 다스리던 유왕은 이웃 나라인 포국을 정벌하러 갔어요. 그때 포국의 벼슬아치들이 유왕에게 '포사'라는 여인을 바쳤지요. 포사를 처음 본 유왕은 그녀의 아름다움에 넋을 잃고 말았어요.

그런데 어쩐 일인지 포사는 좀처럼 웃지 않았다고 해요. 포사가 웃는 모습을 보고 싶은 유왕은 포사에게 보석을 바치기도 하고, 화려한 궐을 지어 바치기도 했어요. 그러나 포사는 굳은 표정으로 유왕을 바라보기만 했지요.

그러던 어느 날, 어느 궁녀가 뛰어 가다 실수로 넘어지는 바람에 치마가 찢겼어요. 그 모습을 보고 포사가 미소를 지었지요. 그러자 유왕은 포사의 미소를 또 보기 위해 전국의 비단이란 비단은 다 모아 신하들에게 찢으라고 명했어요. 값비싼 비단을 대느라 국고가 다 비어 갈 판이었지요. 하지만 포사의 미소는 다시 볼 수 없었어요.

"어찌하면 너를 웃게 만들 수 있을까!"

포사가 웃는 모습을 보고 싶은 유왕은 어느 날 **봉화**를 피우도록 명령했어요. 봉화가 피어오르자 이것을 본 제후들이 놀라 서둘러 궁으로 왔어요. 하지만 궁엔 아무 일도 벌어지지 않았고,

---

경국지색 傾國之色
나라가 기울어져도 모를 정도의 여자라는 뜻으로, 매우 아름다운 여자를 이르는 말.

傾 기울 **경**
國 나라 **국**
之 갈 **지**
色 빛 **색**

봉화 烽火
전쟁 등 나라에 큰일이 생겼을 때 신호로 올리던 불.

烽 봉화 **봉**
火 불 **화**

유왕은 여느 날과 마찬가지로 포사와 함께 연회를 즐기고 있었지요. 그 모습을 본 제후들은 당황스러워하며 멍하니 서 있다가 발길을 돌렸어요. 바로 그때 포사가 몹시 즐거워하며 웃음을 터트렸지 뭐예요.

"호호호호, 저 우스꽝스러운 모습들을 좀 보십시오. 너무 우습지 않습니까!"

"봉화를 피우니 우리 포사가 웃는구나! 여봐라, 계속해서 봉화를 올리도록 하여라!"

유왕은 포사가 웃는 모습을 한 번이라도 더 보려고 시도 때도 없이 봉화를 올려 댔어요. 그 바람에 제후들은 점차 봉화를 보고도 유왕의 장난일 것이라 생각하여 긴장하지 않게 되었지요.

"쳇, 이번에도 포사를 위해 봉화를 올리나 보군."

"이젠 아무리 봉화가 올려진다 해도 군사를 끌고 달려가지 않을 테야."

그런데 이번엔 진짜였어요. 포사 때문에 왕비 자리를 빼앗긴 데다 태자인 자신의 아들을 폐위하고 포사가 낳은 아들을 태자로 책봉하자 화가 난 왕비와 장인이 이민족을 끌어들여 반란을 일으켰던 거예요.

"봉화, 봉화를 올려라! 내가 위험하다는 사실을 알리도록 해라!"

하지만 누구도 도움을 주지 않았어요. 이번에도 장난으로 봉화를 올린 것이라고 생각해 아무도 달려오지 않았던 거예요. 결국 유왕과 포사의 아들은 붙잡혀 죽임을 당하고 포사는 이민족에 끌려가고 말았답니다.

진시황
중국 진나라 제1대 황제. 재위 기원전 246~기원전 210

　기원전 300년 경 중국은 수많은 제후들이 영토를 나누어 지배하던 춘추 전국 시대였어요. 수많은 제후국 가운데 하나였던 진나라의 왕은 막강한 군사력을 바탕으로 주변 나라를 정복하기 시작했어요. 전투가 거듭될수록 진나라의 영토는 점점 넓어졌어요. 진나라의 왕은 뛰어난 병법으로 전쟁을 할 때마다 승리를 거두었지요.

　기원전 221년, 제나라를 멸망시킴으로써 마침내 진나라는 중국을 통일한 최초의 나라가 되었어요. 진나라의 왕은 자신을 중국 최초의 황제라는 의미로 '시황제'라고 부르게 했어요. 이 사람이 바로 그 유명한 '진시황'이랍니다.

　"한, 조, 위, 초, 연, 제나라를 하나로 통일시켰지만 완전한 통일을 이룬 건 아닌데……. 어찌해야 이 나라를 완벽하게 하나의 나라로 만든단 말인가!"

　고민하던 진시황은 사상을 하나로 통일시키기로 했어요. 당시 중국에는 유가를 비롯해 도가·노가·법가 등 다양한 사상이 퍼져 있었지요. 진시황은 다른 사상을 모두 금지시키고 법가만을 따르도록 했어요. 자신이 인정하지 않은 사상을 연구하는 학자들을 모조리 잡아 가두기까지 했지요. 또 나라마다 달랐던 문자와 언어, 도량형, 화폐 등을 오로지 진나라 것으로만 사용하게 했어요. 그렇게 해서 여러 나라를 오로지 진나라 하나로 통일시키고 싶었던 거예요.

　또한 진시황은 북방 이민족의 침입을 막기 위해 전국 시대에 부분적으로 건축되었던 북방의 장성들을 증축하고 연결했어요. 오늘날 중국 최고 관광지로 알려진 만리장성은 이 장성들이 더욱 보완되면서 명나라 때 비로소 완성된 것이지요.

진시황은 나라를 군현으로 나누어 직접 지방관을 보내 관리했어요. 전에는 제후들이 자신의 영토를 독립적으로 다스렸는데 진시황은 군현제를 실시해 강력한 중앙 집권 체제를 완성한 거예요. 이렇듯 진시황은 강력한 황권과 통치력으로 진나라를 다스렸어요.

그런데 진시황은 영원히 사라지지 않는 진나라, 영원히 죽지 않는 삶에 대한 욕심을 갖게 되었어요. 방사인 서복에게 늙지 않고 영원히 살게 한다는 불로초를 구해 오라며 어린 남녀 수천 명을 딸려 보내기도 했어요. 하지만 서복은 끝내 돌아오지 않았지요.

또한 진시황은 암살을 당할 뻔한 적이 있었는데 죽음에 대한 두려움 때문인지 수도 함양 근처에 270개의 궁전을 짓고, 자신이 어디에 있는지 모르게 지하로 다닐 수 있는 비밀 길을 만들었어요. 그리고 아주 크고 화려한 궁궐도 짓도록 했는데 우리가 진시황을 떠올리며 사치스러운 건물로 흔히 말하는 '아방궁'은 이 궁궐의 일부랍니다.

"불로초를 구하지 못했으니 나는 죽어서라도 진나라를 다스릴 것이다! 내 무덤은 그 누구의 무덤보다 크고 화려해야 한다. 거대한 지하 궁전을 만들고, 그곳을 지킬 사람들을 나와 함께 묻도록 하라!"

진시황은 죽어서도 황제의 권위를 지키며 영화를 누리고 싶었던 거예요. 하지만 이로 인한 부담은 온전히 백성들의 몫이었고, 진시황은 백성들의 불만을 잠재우기 위해 더욱 엄격하고 가혹한 법률로 다스렸어요.

방사 方士
신선의 술법을 닦는 사람.
方 모, 뜰 **방**
士 선비 **사**

불로초 不老草
사람이 먹으면 늙지 않는다는 상상의 풀.
不 아닐 **불(부)**
老 늙을 **로(노)**
草 풀 **초**

영화 榮華
권력과 부귀를 마음껏 누리는 일.
榮 영화 **영**
華 빛날 **화**

그러던 어느 날, 진시황은 다섯 번째로 천하를 순행하던 중 병을 얻어 생을 마감하고 말았어요. 백성들을 힘으로 다스린 황제였지만 중국 최초로 나라를 통일하고 체계적으로 다스린 황제의 죽음이라기에는 참 허무한 죽음이었지요. 또한 나라를 통일하고 강한 황권으로 나라의 체계를 잡았지만 무리한 정복 사업과 건축 사업, 혹독한 정치, 사치, 불로장생의 헛된 꿈이 진시황을 폭군으로 기억하게 한답니다.

무제

중국 한나라 제7대 황제. 재위 기원전 141~기원전 87

한나라 제7대 황제인 무제는 한나라를 가장 강하게 만든 황제였어요. 열여섯의 어린 나이에 왕이 된 무제는 할아버지와 아버지가 다스린 나라를 더욱 훌륭하게 발전시키려고 노력했지요. 바른 정치를 하기 위해 '동중서'라는 학자의 제안을 받아들여 유교를 국교로 삼고 '오경박사'를 두어 유학자를 중용했어요. 또 오랫동안 골칫거리였던 북쪽의 흉노족을 고비 사막 너머까지 쫓아 버렸고, 동쪽으로는 민월과 동월을, 남쪽으로는 남월을 멸망시켰어요. 그리고 위만이 다스리고 있던 고조선을 침략해 영토를 넓혔지요. 이렇듯 무제는 재위 초기에는 나라 안팎으로 훌륭한 업적을 많이 이루었어요.

하지만 이러한 마음이 끝까지 가지 못했어요. 무리하게 이어진 정복 전쟁은 나라의 살림살이를 빠듯하게 만들었지요.

"폐하, 지나친 전쟁으로 나라의 금고가 텅 비었사옵니다."

"상인들에게 배나 수레 단위로 물건을 측정해 세금을 내라고 하여라. 또 많은 돈을 벌 수 있는 소금과 철, 술 등은 상인들에게 맡기지 말고 나라에서 직접 관리하도록 하라."

"그리하면 나라의 수입은 당연히 늘어나겠지만 소금과 철을 거래하던 상인들은 몰락하고 말 것입니다."

"어쩔 수 없다. 이 모든 것이 나라를 위한 일이다!"

또한 즉위 2년째부터 진시황의 여산릉에 버금가는 자신의 거대한 능을 건설하기 시작했고 그 뒤에도 크고 화려한 궁을 계속

유교 儒教
삼강오륜을 덕목으로 해 사서삼경을 경전으로 한 유학을 받드는 종교.
儒 선비 **유**
敎 가르칠 **교**

오경박사 五經博士
시경, 서경, 역경, 예기, 춘추의 5경에 능통한 학자.
五 다섯 **오**
經 글 **경**
博 넓을 **박**
士 선비 **사**

몰락 沒落
재물이나 세력 따위가 약해져 보잘것없어짐. 또는 멸망해 전부 없어짐.
沒 빠질 **몰**
落 떨어질 **락**

해서 건축했어요. 당연히 백성들의 삶은 더욱 힘들어졌지요. 나라를 안정시키고 바른 정치를 하기 위해 유교를 국교로 삼았지만 실질적으로는 법치주의를 내세운 법가를 따랐고, 백성들은 자유롭지 못한 생활에 불만이 많아졌지만 모두 눈치만 살필 뿐 제대로 항의하지 못했어요. 무제가 워낙 강한 힘을 갖고 있었기 때문에 두려웠던 것이지요.

"내 아들들 중에 누구에게 왕위를 물려준담……. 첫째 녀석은 학식이 얕고, 둘째 녀석은 무예가 뛰어나긴 하지만 성급한 성격이고……."

후계자를 고민하던 무제는 가장 어린 아들을 태자로 책봉했어요. 이때 태자의 나이는 겨우 여덟 살에 불과했지요. 그런데 태자를 정하자마자 태자의 모후인 구익 부인을 죽였어요. 이전, 한나라를 세운 유방의 황후였던 여후가 유방이 죽자 어린 황제를 대신해 권력을 손아귀에 넣고 나라를 뒤흔들었던 일을 떠올려 모후가 정치에 참여할 기회를 미리 차단해 버린 것이지요.

한때는 신하들이 가장 두려워하는 황권을 가진 황제였던 무제. 학문을 발달시키고, 중앙 집권화를 완성한 황제였지만 지나치게 강력한 황권을 가지려 했던 탓에 오히려 신하들의 반발심을 사 나라를 망하게 만든 황제가 바로 무제예요. 그 후 사람들은 무제를 일컬어 '지나친 욕심으로 나라를 망친 황제'라 손가락질했지요. 결국 무제가 죽은 지 100년도 채 지나지 않아서 한나라는 외척인 '왕망'에 의해 멸망하고 만답니다. 미래를 내다보지 못하고, 현재의 문제 해결에만 급급했던 무제의 판단이 한나라의 몰락을 가져온 것이지요.

법가 法家
법치주의를 내세운 학자 및 그 학파.
法 법 **법**
家 집 **가**

항의 抗議
못마땅한 생각이나 반대 뜻을 주장함.
抗 겨룰 **항**
議 의논할 **의**

모후 母后
임금의 어머니.
母 어머니 **모**
后 임금 **후**

외척 外戚
어머니 쪽의 친척.
外 바깥 **외**
戚 친척 **척**

모본왕

고구려 제5대 왕. 재위 48~53

　모본왕은 의심이 많은 왕이었어요. 하지만 처음부터 그랬던 건 아니에요. 모본왕의 아버지이자 고구려의 제3대 왕인 '대무신왕'은 시호인 '대무신왕'의 뜻이 '큰 전쟁의 신'일 만큼 용맹하고 뛰어난 왕이었어요. 만주에서부터 요서 지역, 압록강 이북 지역까지 모두 고구려의 땅으로 만들었지요. 그런 대무신왕이 죽음을 맞이하자 신하들은 다음 왕위가 걱정이었어요. 그때 모본왕은 너무 어렸기 때문에 나라를 다스릴 수 없었지요. 결국 왕위에는 대무신왕의 동생이자 모본왕의 작은 아버지가 오르게 되었어요. 그가 바로 고구려 제4대 왕인 민중왕이에요.

　모본왕은 작은 아버지가 언제 자신을 죽일지 모른다는 생각에 불안했어요. 다른 사람들을 의심하는 병도 이때 생겼지요. 불행인지 다행인지 민중왕은 왕위에 오른 지 4년 만에 병으로 세상을 떠났고, 그제야 모본왕이 고구려의 제5대 왕이 되었어요. 하지만 여전히 마음의 병이 남아 있었어요.

　"네 이놈, 네가 짐을 독살하려 한 것이 틀림없으렷다!"
　"아닙니다, 폐하!"

　모본왕은 신하가 조금이라도 의심스러운 행동을 하면 가차 없이 죽이곤 했어요. 변덕이 죽 끓듯 했지요. 누구든 자신의 왕위를 빼앗을까 봐 두려워서 그랬던 거예요. 신하들은 모본왕의 마음이 언제 변할지 몰라 조마조마한 나날을 보냈어요. 『삼국사기』에는 모본왕이 포악하고 어질지 못하여 나랏일을 돌보지 않

의심 疑心
믿지 못하는 마음.
疑 의심할 의
心 마음 심

시호 諡號
제왕이나 재상이 죽은 뒤에 그들의 공덕을 칭송하여 붙인 이름.
諡 시호 시
號 이름, 부르짖을 호

아 백성들이 매우 원망했다고 적혀 있어요. 그만큼 모본왕은 변덕스러운 마음 때문에 신하와 백성들을 두려움에 떨게 했던 왕이었어요.

하지만 모본왕이 나랏일에는 관심이 없고 신하들을 괴롭히는 것만 일삼았던 건 아니었어요. 처음엔 모본왕도 나라를 잘 다스리려고 노력했지요. 왕위에 오르던 해에 나라에 큰 홍수가 났을 때는 논과 밭, 집을 잃은 백성들에게 쌀을 나누어 주고 위로해 주었어요. 또 아버지 대무신왕의 뒤를 이어 한나라를 공격해 영토를 넓히기도 했지요.

하지만 모본왕의 의심병이 갈수록 심해지자 신하들은 더 이상 왕을 모시지 못하겠다며 아우성을 쳤어요. 왕의 마음이 툭하면 바뀌고, 조그마한 일에도 트집을 잡아 신하들을 죽이니까요. 신하들은 차라리 왕을 폐하고 새로운 왕을 세우기로 했어요. 그 일에 앞장선 사람은 '두로'라는 시종이었어요. 두로는 모본왕이 방심한 틈을 타 그를 죽이고 말았답니다.

홍수 洪水
비가 많이 와서 강이나 하천이 넘치거나 땅이 물에 잠김.
洪 넓을 **홍**
水 물 **수**

방심 放心
마음을 다잡지 않고 안심하여 풀어 놓음.
放 놓을 **방**
心 마음 **심**

요동과 요서는 어디일까?

우리나라 역사를 살펴보면 멀리 요동, 요서 지역까지 땅을 넓혔다는 말이 자주 나온다. 도대체 요동, 요서는 어디쯤 있는 땅일까? 중국 랴오허 강(압록강 서쪽에 있는 강)을 중심으로 요동은 강의 동쪽 지역을, 요서는 강의 서쪽 지역을 말한다. 일제 강점기 시대 대한민국 임시 정부가 있었던 만주 지역은 요동에 속한다.

네로

로마 제국 제5대 황제. 재위 54~68

네로 황제는 아주 유명한 폭군으로 알려져 있어요. 그러나 네로가 처음부터 흉포하고 잔인한 황제였던 건 아니었어요. 처음에는 네로도 평민들에게 인기가 아주 많았어요. 네로는 평민들의 세금을 줄여 주고, 귀족들만 볼 수 있었던 공연을 평민들도 마음껏 볼 수 있도록 했어요. 시와 음악을 사랑했던 네로는 평민들이 모인 곳에 나서서 직접 연주하기도 했지요.

"우리보고 평민들과 함께 음악을 들으라는 거야? 이게 말이 되는 소린가?"

"네로가 황제라는 이유만으로 이 나라의 질서를 어지럽히고 있어!"

자신들만 누리던 혜택을 평민들도 같이 누릴 수 있게 되자 귀족들의 불만은 걷잡을 수 없을 정도로 커져 갔어요.

"귀족들의 불만이 하늘을 찌를 정도로 높아요. 차라리 네로 대신 다른 사람을 황제 자리에 앉히는 게 어떨까요?"

이렇게 말한 사람은 바로 네로의 어머니였어요. 사실 네로의 어머니는 네로를 황제로 만들기 위해 누구보다 애썼던 사람이었어요. 그런데 네로가 점점 자신의 말을 따르지 않자 자신의 권력을 잃을까 봐 두려워지기 시작한 거예요. 결국 그녀는 자신의 아들을 내쫓고 새로운 황제를 세우려고 했지요. 그러자 이 사실을 알게 된 네로가 광기 어린 행동을 시작했어요. 배신감에 차 어머니를 죽인 거예요. 그리고 그것도 모자라 조금이라도 반역의 눈

폭군 暴君
사납고 악한 군주.
暴 사나울 **폭**
君 임금 **군**

흉포 凶暴
흉악하고 포악함.
凶 흉할 **흉**
暴 사나울 **포**

치가 보이면 누구든 사형시키고 재산을 몰수해 버렸지요. 그러자 네로를 믿고 따랐던 백성들마저 자신의 어머니를 죽인 네로의 행동을 비난했어요. 그러면 그럴수록 네로는 점점 잔인해져 갔지요.

그러던 64년에는 로마에 큰불이 나 도시의 절반이 타 버리는 일이 발생했어요. 네로가 불을 냈다는 소문이 나자 네로는 기독교인에게 죄를 뒤집어 씌워 잡아들였어요. 그러자 이 일로 네로에 대한 평판은 더욱 나빠졌어요. 상황은 점점 나빠져 로마에 전염병까지 돌기 시작했지요.

"나라가 이 지경이 된 건 모두 황제 때문이야."

"황제를 없애고 새로운 왕을 세워야 해!"

로마가 혼란한 틈을 타 예루살렘을 비롯해, 정복지에서 반란이 일어나기 시작했어요. 반란군이 로마로 쳐들어오자 네로는 하인 4명을 데리고 간신히 궁궐을 빠져나왔어요. 하지만 도망갈 길이 막막했지요. 결국 네로는 스스로 목숨을 끊고 말았어요.

평판 評判
세상 사람들이 옳고 그름을 말함.
評 평할 **평**
判 판단할 **판**

네로 황제는 정말 로마에 불을 질렀을까?

64년 로마 외각에서 거대한 불길이 일어났다. 불은 무려 9일 동안이나 계속 타올랐고, 로마의 반 이상이 잿더미로 변해 버리고 말았다. 로마의 중요 건축물 대부분이 불에 탔고, 200만 명이 넘는 시민들이 집을 잃었다. 사람들은 이 불을 잔인한 황제 네로가 낸 것이라고 생각했지만 그 불은 네로 황제가 낸 것이 아니었다. 실제로 불이 났다는 소식을 전해 들은 네로는 광장과 건물을 개방해 피난처를 제공하고, 창고에 쌓여 있던 식량을 내어 주기도 했다. 그러나 이미 마음이 돌아선 사람들의 오해는 쉽사리 풀리지 않았다.

차대왕
고구려 제7대 왕. 재위 146~165

고구려 제5대 왕인 모본왕이 죽은 뒤 새롭게 왕이 된 사람은 태조왕이었어요. 태조왕은 기울어진 나라를 바로 세우려고 많은 애를 썼어요. 영토 확장에도 힘을 써 고조선의 영토를 거의 회복할 만큼 넓고 강한 고구려를 만들었지요. 그런 태조왕에게는 무려 스무 살 이상 차이가 나는 어린 동생이 있었어요. 태조왕은 어린 동생을 몹시 귀여워하고 아꼈지요.

세월이 흘러 어엿한 성인이 되고부터 태조왕의 동생은 전쟁터에 나가 여러 번 큰 공을 세웠어요. 무예 실력이 워낙 뛰어났던 터라 전투에만 나갔다 하면 승리를 거두었지요. 점차 세력이 커지자 신하들은 태조왕이 물러나고 동생이 왕이 되어야 한다고 수군거리기 시작했어요.

"지금의 왕은 너무 늙고 병들었어."

"맞아, 이제 그만 왕위를 내려놓을 때가 됐다고."

신하들의 생각을 눈치챈 태조왕은 동생에게 왕위를 넘겨주기로 마음먹었어요. 그도 그럴 것이 태조왕은 이미 백 살이 넘었거든요. 이렇게 해서 태조왕의 뒤를 이어 왕이 된 사람이 바로 제7대 왕인 차대왕이에요. 차대왕 역시 당시 칠십이 넘은 나이였지요.

백성들과 신하들은 모두 차대왕이 훌륭한 왕이 될 거라고 믿었어요. 하지만 차대왕은 왕이 되자마자 자신을 반대했던 신하들부터 죽이기 시작했어요. 뿐만 아니라 자신에게 위협이 될지

위협 威脅
힘으로 으르고 협박함.
威 위엄 위
脅 위협할 협

도 모를 왕족들마저 모조리 죽여 버렸지요. 신하들은 차대왕에게 미움을 살까 봐 함부로 바른말을 하지 못했어요.

"큰일이로군. 왕이 나라를 잘못 다스리고 있는데 옳은 말을 해 줄 용기 있는 신하가 한 사람도 없다니……."

차대왕의 주변에는 늘 듣기 좋은 말만 하는 간신들로 넘쳐 났어요. 백성들의 생활이 어려워지고, 나라 형편이 점점 기울어 갔지만 신하들은 누구도 차대왕에게 바른말을 하지 않았어요. 그 모습을 본 명림답부는 차대왕을 죽이기로 마음먹었어요. 명림답부는 한나라 대군을 지략으로 물리칠 정도로 지혜가 뛰어난 신하였지요. 명림답부는 차대왕을 죽이고 새로운 왕으로 신대왕을 추대하였답니다.

추대 推戴
높은 직위에 올려 떠받듦.

推 밀 **추**
戴 일 **대**

봉상왕

고구려 제14대 왕. 재위 292~300

봉상왕은 어렸을 때부터 의심이 많고 질투가 몹시 심했어요. 왕이 되자마자 봉상왕이 가장 처음 한 일은 작은 아버지인 달가를 반역죄로 몰아 죽인 것이었지요. 혹시나 작은 아버지가 자신의 왕위를 노릴까 봐 걱정되어서 그랬던 거예요. 그래도 안심이 되지 않은 봉상왕은 친동생 돌고까지 죽여 버렸어요.

봉상왕이 왕위에 오른 후 고구려는 잠잠할 날이 없었어요. 그러자 주변 나라들이 호시탐탐 고구려를 넘보기 시작했지요.

"폐하, 지금 서북쪽의 오랑캐 선비족이 쳐들어오고 있다 하옵니다!"

"뭐라? 그럼 당장 도망갈 준비를 하라!"

"폐하, 아니 되옵니다. 이 나라의 왕께서 수도인 평양성을 버리고 도망친다면 백성들은 어찌합니까!"

"난 그런 거 모른다! 무조건 도망칠 테다!"

게다가 봉상왕이 나라를 다스리던 298년에는 대기근이 있었어요. 농사철에는 날이 가물어서 농사를 지을 수가 없었고, 곡식을 추수해야 하는 계절에는 서리와 우박이 내려 겨우 키운 곡식마저 엉망이 되었지요. 엎친 데 덮친다더니 299년과 300년에는 큰 지진까지 일어나 고구려의 수많은 백성들이 다치거나 죽었어요. 그런데도 봉상왕은 백성들을 살피지 않고 새로운 궁궐을 짓거나 수리하는 데 몰두했어요. 봉상왕은 백성들을 강제로 끌고 와 궁궐을 짓게 했을 뿐만 아니라, 백성들에게서 세금을 더

반역 反逆
현재의 통치자나 통치 세력으로부터 권력을 빼앗으려 함.

反 돌이킬 **반**
逆 거스를 **역**

호시탐탐 虎視眈眈
범이 눈을 부릅뜨고 먹이를 노려본다는 뜻으로, 남의 것을 빼앗기 위해 기회를 엿보는 것이나 그런 모양.

虎 범 **호**
視 볼 **시**
眈 노려볼 **탐**
眈 노려볼 **탐**

기근 飢饉
농사가 잘 안 되어 식량이 모자라 굶주리는 상태.

飢 주릴 **기**
饉 주릴 **근**

거두라고 명령했지요.

결국 보다 못한 **국상** 창조리가 나서서 말했어요.

"폐하, 이럴 때일수록 백성을 위해 노력하셔야 합니다. 지금 백성들이 얼마나 고통받고 있는지 아십니까?"

"에잇, 저 녀석은 왜 사사건건 나한테 잔소리만 늘어놓는 것인지 모르겠어."

창조리는 봉상왕에게 사치를 멈추고 백성들을 돌보라고 충고했어요. 슬슬 봉상왕은 늘 옳은 말만 하는 창조리가 눈엣가시처럼 거슬렸지요. 이에 창조리에게 **누명**을 씌워 죽이려 했어요. 그러자 신하들이 먼저 봉상왕을 폐위시키고 새로운 왕을 그 자리에 앉히기로 마음먹었지요. 창조리와 신하들은 군사를 일으켜 봉상왕을 왕위에서 내쫓았어요. 신하들에게 붙잡힌 봉상왕은 감옥에서 스스로 목숨을 끊고 말았답니다.

국상 國相
고구려 때에, 나랏일을 보던 으뜸 벼슬아치.
國 나라 **국**
相 정승 **상**

누명 陋名
사실이 아닌 일로 억울하게 이름을 더럽히는 일.
陋 더러울 **누(루)**
名 이름 **명**

유의부

중국 송나라 제2대 황제. 재위 422~424

유의부가 다스리던 곳은 중국 남북조 시대에 황하강 이남 지역에 세워진 남송이라는 나라였어요. 아버지 유유(송나라 제1대 황제인 무제)가 나라를 세운 지 3년 만에 세상을 뜨자 큰아들인 유의부가 열일곱 살의 어린 나이로 황제에 올랐지요. 황제가 배워야 할 것, 지켜야 할 것에 대한 교육을 제대로 받지 못한 채 황위에 오른 유의부는 권력을 마음대로 휘둘렀어요.

"오늘은 술을 먹고 싶구나."

"폐하, 아직 선황제의 상이 끝나지 않았사옵니다. 아비의 상이 채 끝나지도 않았는데 맏아들이 술을 마시다니요!"

"에잇, 귀찮다. 술을 가져오너라!"

유의부는 갈수록 제멋대로 굴기 시작했어요. 신하들이 말려도 도무지 말을 듣지 않았지요. 결국 신하들은 유의부가 황제가 된 지 2년 만에 그를 황제 자리에서 내쫓기로 마음먹었어요. 어느 날 밤 군대를 이끌고 궁을 둘러싼 신하들은 측근을 죽이고, 유의부를 폐위시켜 버렸지요. 그리고 폐위된 지 얼마 지나지 않아 유의부는 자객에 의해 살해되었어요.

사람들은 유의부를 '소제'라고 불렀는데, 소제란 '어린 나이에 즉위해 황제가 된 사람'이라는 뜻이에요. 유의부가 황제가 된 지 고작 2년 만에 폐위를 당하는 바람에 황제의 시호를 받지 못해서 그렇게 부르는 것이랍니다.

자객 刺客
몰래 사람을 죽이는 사람.
刺 찌를 자
客 손 객

소제 小帝
나이가 어린 임금. 또는 황제.
小 작을 소
帝 임금 제

개로왕

백제 제21대 왕. 재위 455~475

개로왕이 백제를 다스릴 무렵 고구려를 다스린 왕은 장수왕이었어요. 장수왕은 남북으로 영토를 확장해 가고 있었어요. 백제는 그런 고구려의 공격을 막으려고 안간힘을 썼지요. 개로왕은 북위에 사신을 보내 함께 힘을 합쳐 고구려를 공격하자고 부탁했어요. 그러나 북위는 개로왕의 부탁을 거절했고, 엎친 데 덮친다더니 하필 이 사실을 고구려에서 알게 되었지 뭐예요. 고구려는 백제를 공격하기 전 백제의 상황을 살피기 위해 **첩자**를 보냈어요. 그 첩자는 바로 '도림'이라는 승려였어요.

도림은 개로왕에게 고구려에서 죄를 짓고 도망쳐 나왔다고 거짓말을 했어요.

"저를 받아 주신다면 날마다 바둑 두는 재미를 알려 드릴 수 있사옵니다."

"오호라, 네가 바둑을 잘 두는 모양이구나?"

사실 개로왕은 바둑을 아주 좋아했어요. 장수왕은 미리 이런 사실을 알고 바둑을 잘 두는 도림을 첩자로 보낸 것이었지요. 개로왕은 도림과 함께 바둑 두는 재미에 푹 빠졌어요. 하루에도 몇 번씩 도림과 마주 앉아 바둑을 둘 정도였지요. 그런 만큼 도림에 대한 개로왕의 **신임**도 날로 두터워졌어요.

개로왕의 신임을 얻게 된 도림은 개로왕에게 넌지시 말했어요.

"대왕께서 다스리시는 백제는 사방이 산과 바다와 강으로 둘

첩자 諜者
한 나라나 단체의 비밀이나 상황을 몰래 알아내어 다른 국가나 단체에 전하는 사람.

諜 염탐할 **첩**
者 놈 **자**

신임 信任
믿고 일을 맡김. 또는 그 믿음.

信 믿을 **신**
任 맡길, 맡을 **임**

러싸인 곳이라 주변의 나라들이 감히 공격할 생각을 하지 못하는 요새 같은 곳입니다. 그런 백제의 위상을 더욱 드높이기 위해 성을 새로 쌓으시는 것이 어떻겠습니까?"

도림은 개로왕에게 성벽을 새로 쌓으라고 하고, 아버지 비유왕의 묘를 새로 꾸미라고 부추겼어요. 또 궁궐 안에 사치스러운 누각을 새로 지으라고 권하기도 하고, 홍수를 막기 위해 한강 변에 둑을 쌓으라고 권하기도 했지요. 개로왕은 도림의 말을 곧이곧대로 믿고 따라 대대적인 토목 공사를 벌였지요.

하지만 이런 일들은 백성들에게 오히려 독이 되었어요. 나라의 곳간은 비어 가고, 농사를 지어야 할 수많은 농민들이 끌려가 성을 쌓고, 궐을 수리하고, 둑을 쌓느라 농사를 짓지 못해 식량이 부족해지고, 군사들의 군량미도 부족해졌지요. 이로 인해 불만이 쌓인 백성들은 곧 폭동을 일으킬 듯했어요. 이렇듯 백제가 어수선해지자 도림은 곧장 고구려로 도망쳐 갔지요. 그리고 그동안 백제에 머물며 수집한 많은 정보를 장수왕에게 알려 주었어요.

장수왕은 3만의 군사를 끌고 백제를 공격했어요. 하지만 백제는 군사들은 물론이고 농부들까지 성벽을 새로 쌓고 둑을 쌓는 데 끌려간 통에 고구려군을 제대로 막을 군사가 없었어요. 그제야 자신이 도림에게 속았다는 것을 알아챈 개로왕은 땅을 치며 후회했지요. 하지만 뒤늦은 후회가 무슨 소용이겠어요.

개로왕의 마지막은 더욱 비참했어요. 개로왕은 고구려군에게 쫓겨 남쪽으로 도망쳤는데, 그때 그를 붙잡은 사람이 바로 한때 백제의 장수였던 걸루와 만년이었어요. 걸루와 만년은 고구려

요새 要塞
군사적으로 중요한 곳에 튼튼하게 만들어 놓은 방어 시설. 또는 그런 시설을 한 곳.
要 요긴할 **요**
塞 변방 **새**

누각 樓閣
사방을 바라볼 수 있게 문과 벽 없이 탁 트이게 높이 지은 집.
樓 다락 **누(루)**
閣 집 **각**

군에게 길을 알려 주고 그 공으로 장수가 되었지요. 개로왕은 한때 신하였던 자들의 손에 무참히 죽임을 당하고 말았어요. 개로왕이 죽자 백제는 수도를 웅진으로 옮기고 다시 나라를 정비하려 했지만 백제는 이미 걷잡을 수 없을 정도로 쇠약해진 상태였답니다.

동성왕
백제 제24대 왕. 재위 479~501

15세의 어린 임금이었던 백제 제23대 왕인 삼근왕은 왕위에 오른 지 얼마 되지 않아 죽음을 맞이했어요. 다음 왕위를 이을 마땅한 사람을 고민하던 귀족들은 제21대 왕인 개로왕의 손자인 동성왕을 선택했어요.

동성왕의 아버지는 개로왕의 아들이자 제22대 왕인 문주왕의 동생인 곤지예요. 개로왕의 명에 따라 오랫동안 일본에서 백제계 사람들을 다스렸지요. 그래서 동성왕도 오랫동안 일본에서 살았어요. 백제 귀족들은 자신들의 이익을 위해 백제 사정에 어두운 동성왕을 선택했던 거예요.

당시 백제는 진씨와 해씨 두 집안이 큰 권력을 나눠 갖고 있었어요. 새로운 왕이 된 동성왕은 귀족들을 꼼짝 못하게 누를 만큼 강한 힘을 갖고 싶었어요. 그래서 새로운 세력을 불러들여 서로 견제하도록 해서 자신의 왕권을 키워 나갔지요.

동성왕은 백제가 옛날처럼 크고 부강한 나라가 되기를 바랐어요.

"병사들은 신라와 힘을 합쳐 고구려에 맞서 싸우도록 하라!"

또한 신라와 더욱 긴밀한 관계를 이어 가기 위해 신라 왕족의 딸과 결혼하기도 했지요. 동성왕의 노력 덕분에 백제의 왕권은 차차 안정되어 갔어요.

"백성들은 살기 편안하고 외적의 침입 또한 없으니 이보다 좋을 수 있겠는가!"

견제 牽制
일정한 힘을 가해 상대편이 지나치게 세력을 펴거나 자유롭게 행동하지 못하게 억누름.

牽 이끌 **견**
制 절제할 **제**

"옳습니다. 이 모든 것이 폐하의 은덕입니다!"

"그래, 그래! 다 같이 연회를 열어 즐기도록 하자꾸나!"

나라가 편안해지자 동성왕은 툭하면 연회를 열고 사치를 즐겼어요. 자신의 업적을 과시하기 위해 새로운 궁을 짓기도 했어요.

그러던 499년, 백제에 유래 없는 가뭄이 찾아왔어요. 곡식은 말라비틀어지고, 백성들은 굶주렸지요. 그러나 동성왕은 곳간을 열어 백성들을 도울 생각은 하지 않고 날마다 큰 연회를 열어 즐기고 툭하면 사냥을 다니느라 큰돈을 썼지요.

또한 동성왕은 신하들이 큰 힘을 갖는 것을 몹시 두려워해서 한 명의 귀족이 한 지역을 오랫동안 다스리지 못하게 했어요. 귀족들은 동성왕에게 점점 불만을 갖게 되었어요. 특히 위사좌평 '백가'는 그동안 다스리던 곳을 떠나 '가림성'이라는 조그마한 성으로 떠나라는 명령을 받자 몹시 불만을 가졌지요. 결국 동성왕은 사냥을 나갔다가 백가가 보낸 자객에게 죽임을 당하고 말았어요. 자신의 왕권을 강화하는 데는 성공했을지 몰라도 신하와 백성의 마음을 얻는 데는 실패한 것이지요.

과시 誇示
사실보다 크게 뽐내 보임.
誇 자랑할 과
示 보일 시

위사좌평 衛士佐平
백제 시대 여섯 좌평 중 하나로 궁궐 호위를 맡은 으뜸 벼슬.
衛 지킬 위
士 선비 사
佐 도울 좌
平 평평할 평

의자왕

백제 제31대 왕. 재위 641~660

의자왕은 난폭하고 사치스러운 왕으로 아주 유명하지요. 하지만 처음부터 그랬던 건 아니었어요. 의자왕은 아주 효심 깊고 인정 많은 사람이었어요. 의자왕에게는 '해동 증자'라는 별명이 있었어요. '동쪽 나라의 증자'라는 뜻인데, 의자왕이 중국 노나라의 유학자인 증자처럼 학문이 뛰어나고 효심도 깊고 인정 많은 사람이라는 것이었지요. 왕이 된 의자왕은 신라를 공격하여 30개가 넘는 신라의 성을 차지했어요. 그중 대야성은 김춘추의 사위가 다스리던 곳으로 이때 김춘추의 딸이 죽고 말았지요.

그런데 시간이 지나고 왕권이 튼튼해질수록 의자왕은 나랏일에 흥미를 잃었어요. 대신, 놀고 즐기는 데만 신경을 썼어요.

"폐하, 지금 신라가 호시탐탐 우리를 공격할 기회만 엿보고 있습니다! 전쟁에 대비하셔야 합니다!"

"에잇, 전쟁은 무슨 전쟁이란 말이오! 이렇게 나라가 평화로운 것이 보이지 않소?"

이제 신하들은 의자왕이 두려워서 더 이상 바른말을 하는 것을 꺼렸어요. 의자왕은 자신을 반대하거나 위협이 되는 사람은 가차 없이 죽이거나 유배를 보냈거든요.

그 무렵, 삼국은 큰 변화를 맞이했어요. 삼국에서 가장 강한 나라였던 고구려는 당나라와의 오랜 전쟁으로 인해 힘이 쇠약해졌고, 가장 작고 힘없는 나라였던 신라는 군사를 정비하여 막강한 힘을 갖게 되었지요. 더군다나 신라의 김춘추는 딸의 원수를

난폭 亂暴
몹시 행동이 거칠고 사나움.
亂 어지러울 난(란)
暴 사나울 폭

갚기 위해 백제 공격에 모든 것을 걸었어요. 의자왕은 이 사실을 까맣게 모른 채 흥청망청 지냈지요.

660년, 신라는 당나라와 힘을 합쳐 백제를 공격했어요. 전쟁이 일어날 거라고는 상상조차 하지 못했던 의자왕은 우왕좌왕하다가 도망쳐야만 했지요. 계백 장군이 5천 명의 결사대를 이끌고 나가 황산벌에서 신라군과 전투를 벌여 네 번이나 이겼지만 소용없는 일이었어요. 겨우 5천의 군사로는 물 밀 듯이 밀려오는 신라군에 맞설 수가 없었던 거예요. 수도인 사비성이 함락당하자 의자왕은 웅진성으로 피했지만 결국 연합군에게 붙잡히고 말았어요.

"그대가 백제의 왕인가? 이리 와서 술 한 잔 따라 보아라."
"무엇 하느냐, 무릎을 꿇고 공손하게 술을 따르지 않고!"

의자왕은 신라의 태종 무열왕과 당나라 장수 소정방에게 무릎 꿇고 술잔을 올리는 수모를 당해야만 했어요. 그 후 의자왕은 가족들과 함께 당나라로 끌려가 죽임을 당했고, 700년 동안 이어진 백제는 그렇게 멸망하고 말았지요.

그런데 의자왕 하면 항상 따라다니는 말이 있어요. 백제가 멸망하자 의자왕을 모시던 3천 명의 궁녀가 스스로 낙화암에서 몸을 던졌다는 이야기이지요. 백제보다 더 큰 나라였던 조선에서도 궁녀의 수가 600명 정도였다고 하니 3천 명의 궁녀는 멸망한 나라 백제 의자왕의 사치스럽고 무능함을 과장하여 표현한 말이겠지요. '해동 증자' 의자왕과 무능하고 사치스러운 의자왕 중 어떤 모습이 진짜 의자왕의 모습일까요?

우왕좌왕 右往左往
오른쪽으로 갔다 왼쪽으로 갔다 함. 이리저리 왔다 갔다 하며 일이나 나아가는 방향을 종잡지 못함.
右 오른쪽 **우**
往 갈 **왕**
左 왼 **좌**
往 갈 **왕**

함락 陷落
적의 성이나 요새 등을 공격해 빼앗음. 또는 빼앗김.
陷 빠질 **함**
落 떨어질 **락(낙)**

수모 受侮
남에게 창피를 당함.
受 받을 **수**
侮 업신여길 **모**

진지왕

신라 제25대 왕. 재위 576~579

　진지왕은 왕이 된 지 겨우 4년 만에 귀족들에 의해 쫓겨난 왕이에요. 향락에 빠져 정치를 잘 돌보지 않은 죄 때문이었지요. 진지왕은 신라의 전성기를 이룬 제24대 왕인 진흥왕의 둘째 아들이에요. 원래는 첫째 아들인 '동륜'이 왕위를 이어받기로 되어 있었는데, 동륜이 갑자기 죽음을 맞는 바람에 왕이 된 사람이 바로 진지왕이에요.

　진지왕도 처음에는 나라를 잘 다스려 보려고 애썼어요. 중국의 진나라와 외교 관계를 맺고, 백제군의 공격도 잘 막아 냈지요. 백성들에게도 너그러운 왕이 되려고 노력했어요. 억울하게 갇혀 있던 백성들을 풀어 주기도 했고, 가뭄 때문에 고생하는 농민들을 돌보기도 했어요.

　하지만 진지왕은 곧 나라를 돌보지 않고 술을 마시고 사치스럽고 방탕한 생활로 흥청망청 보내는 시간이 많아졌어요. 결국 귀족들은 '화백 회의'를 열어 진지왕을 폐위시켰지요.

　그런데 진지왕이 왕에서 쫓겨난 이유에 대해『화랑세기』에는 조금 다른 이야기가 쓰여 있어요.『화랑세기』에 따르면 원래 진흥왕은 큰아들인 동륜이 죽자 그의 아들을 왕으로 삼으려 했다고 해요. 그런데 당시 최고의 권력을 갖고 있던 '미실'이라는 여인과 진지왕의 어머니인 사도 부인 박씨의 도움으로 진지왕이 다음 왕이 되었다지요.

　진지왕은 왕이 되기 전까지만 하더라도 자신이 왕위에 오르면

향락 享樂
즐거움을 누림.
享 누릴 **향**
樂 즐길 **락(낙)**

방탕 放蕩
술과 노름 등에 빠져 행실이 좋지 못함.
放 놓을 **방**
蕩 방탕할 **탕**

미실을 왕비로 맞이하겠다고 철석같이 약속을 했다고 해요. 하지만 왕이 된 진지왕은 약속을 저버리고 다른 여인을 사랑했다지요. 그러자 미실이 진지왕을 폐위시켰다고 해요. 무엇이 사실인지는 분명하지 않지만, 진지왕이 나랏일을 제대로 돌보지 않은 것만은 분명한 사실 같지요?

철석 鐵石
쇠와 돌. 굳고 단단함을 이르는 말.
鐵 쇠 철
石 돌 석

만장일치의 끝판왕, 화백 회의

신라에서는 중요한 일이 있을 때마다 진골 이상의 귀족 대표들이 모여 화백 회의를 했다. '화백 회의'는 '화합해 하나가 되는 회의'라는 뜻으로, 화백 회의의 우두머리는 귀족 중 가장 신분이 높은 상대등이었다. 귀족들은 신라의 수도 주위에 있는 '4영지'에서 회의를 했는데, 4영지란 경주 동쪽의 청송산, 남쪽의 우지산, 서쪽의 피전, 북쪽의 금강산을 말한다. 신령스러운 곳에서 회의를 해야 한다고 믿었기 때문에 이 장소를 골라 회의를 했던 것이다. 이러한 화백 회의의 가장 큰 특징은 한 사람이라도 의견이 다르면 안 된다는 것이다. 모든 사람이 찬성해야 결정을 내릴 수 있는 제도였다.

화랑들의 전기, 『화랑세기』

『화랑세기』는 신라 성덕왕 때 진골 귀족 출신 학자이자 정치인인 김대문이 지은 책으로, 화랑의 기원, 화랑의 지도자인 풍월주의 계보 및 생활 내용 등이 적혀 있다. 『화랑세기』는 조선 시대 때 사라졌는데, 1989년 2월 지방의 한 소장자가 가지고 있던 필사본이 공개되었다. 하지만 이 책을 소장한 경위가 분명하지 않고 골품 제도 및 혼인 제도에 관한 기록이 기존 연구 내용과 다르다는 이유로 위작* 논란이 있다.

*위작 : 딴 사람이 원래의 작가가 지은 것처럼 비슷하게 만든 작품.
僞 거짓 위　作 지을 작

진성 여왕

신라 제51대 왕. 재위 887~897

　신라는 우리나라 역사에서 유일하게 여왕이 존재했던 나라였어요. 신라에는 모두 세 명의 여왕이 있었는데 바로 선덕 여왕, 진덕 여왕, 진성 여왕이지요.

　제27대 왕인 선덕 여왕과 제28대 왕인 진덕 여왕은 문화를 번성하게 하고 예술을 발전시킨 훌륭한 여왕이었어요. 하지만 진성 여왕은 사치와 방탕한 생활로 나라를 매우 어지럽게 만든 사람이었어요.

　진성 여왕이 처음부터 정치를 못했던 것은 아니에요. 진성 여왕은 왕이 된 해에 백성들의 세금을 면제해 주고, 억울한 누명을 쓴 죄인들을 찾아내 죄를 없애 주는 등 많은 일을 했어요. 하지만 진성 여왕은 숙부이자 사랑하는 사이인 상대등 위홍이 죽은 뒤부터 정치에 관심을 잃고 말았지요.

　"정치라는 것은 내 뜻대로 되는 게 아니로구나. 재미도 없고 따분하기만 해……."

　진성 여왕은 나라의 중요한 일까지 모조리 신하들에게 맡겨 버렸어요. 권력을 움켜쥔 신하들은 진성 여왕의 눈과 귀를 가린 채 듣기 좋은 말만 했지요. 진성 여왕은 신라의 백성들이 점점 살기 어려워지고 있다는 사실은 꿈에도 모른 채 날마다 사치를 즐기고 잔치를 열었어요.

　"하늘도 무심하시지. 흉년으로 곡식 한 톨 얻을 수가 없는데 세금을 또 내라고?"

　"귀족들은 세금을 내라고 난리고 국경에선 툭하면 오랑캐들이 쳐들어오고, 정말 못 살겠어!"

　그 당시 백성들은 흉년으로 인해 몹시 생활이 힘들었어요. 하지만 나라에

서는 필요한 돈을 조달하기 위해 백성들에게 세금을 더 내라고 강요했지요. 결국 이를 참다못한 농민 '원종'과 '애노'가 반란을 일으켰어요. 반란을 일으킨 농민들의 수는 순식간에 눈덩이처럼 불어났어요. 왕실에서는 군사들을 보내 반란군을 진압하려 했지만 성난 농민들을 막을 수가 없었지요. 결국 나라는 점점 혼란에 빠졌어요. 여기에 엎친 데 덮친 격으로 완산주(지금의 전주 지역)에서는 견훤이, 북원(지금의 강원도 지역)에서는 궁예가 세력을 일으켜 후백제와 후고구려를 세우려 했어요.

"나는 나랏일에 소질이 없는 듯하오. 차라리 다른 이에게 왕위를 물려주는 게 낫겠소!"

진성 여왕은 제49대 왕인 헌강왕의 아들 '요'를 태자로 세우고 그에게 왕위를 물려주었어요. 열다섯 살의 요는 진성 여왕의 뒤를 이어 '효공왕'이 되었지요. 하지만 혼란에 빠진 신라는 날이 갈수록 어려워져만 갔어요. 결국 신라는 진성 여왕이 죽은 지 30년 만에 멸망하고 말지요.

반란 叛亂
정부나 지도자를 몰아내기 위해 일으키는 집단행동.
叛 배반할 반
亂 어지러울 란(난)

경애왕
신라 제55대 왕. 재위 924~927년

신라 제52대 왕이었던 효공왕이 자식 없이 세상을 떠나는 바람에 제8대 아달라 이사금의 후손인 '박경휘'가 왕으로 추대되었어요. 그 후 신덕왕이 된 박경휘가 죽고, 그의 큰아들이 경명왕이 되었지만, 경명왕도 후손 없이 곧 죽고 말았지요. 그리하여 왕위에 오른 사람이 신덕왕의 둘째 아들이자 경명왕의 동생인 '경애왕'이었어요.

경애왕이 나라를 다스릴 무렵, 신라는 영토의 대부분을 빼앗기고 아주 작은 나라가 되어 있었어요. 후백제의 견훤과 후고구려의 궁예가 그 세력을 넓히는 바람에 신라는 영토를 모두 빼앗기고 경주와 그 부근만 겨우 지킬 수 있었지요.

"견훤이 언제 또다시 우리를 공격할지 모르니 불안하기 그지없구나!"

"폐하, 무슨 걱정이시옵니까. 이번에도 고려의 왕건이 나서서 후백제 놈들을 모조리 막아 줄 텐데요."

그 당시 후백제의 견훤과 궁예를 폐하고 고려를 세운 왕건은 충청도 지역을 두고 서로 힘겨루기를 하고 있었어요. 왕건은 견훤의 세력이 더 이상 커지는 것을 막기 위해 후백제가 신라를 공격할 때마다 방패막이가 되어 주었지요.

"왕건과 견훤의 싸움이 계속되면 좋겠구나. 그러면 우리 신라를 공격하는 일 따위에는 관심도 없을 게 아니겠느냐."

경애왕은 스스로 군사의 힘을 키워 나라를 지킬 생각은 하지

방패 防牌
전쟁터 등에서 적과 맞서 싸울 때 한 손에 들고 적의 칼, 창, 화살 등의 공격을 막는 데 쓰던 도구.

防 막을 **방**
牌 패 **패**

않고 왕건이 백제군을 막아 주기만을 바랐어요. 그런데 어느 날, 견훤이 군사를 일으켜 경주로 쳐들어왔지요. 그때 경애왕은 포석정에서 잔치를 즐기고 있었어요.

"폐하, 후백제의 군사들이 몰려오고 있습니다!"

"뭐라? 다, 당장 왕건에게 도와달라고 부탁하거라!"

경애왕의 신하가 부랴부랴 도움을 청하러 고려에 갔지만 이미 때는 늦어 버린 후였어요. 결국 견훤의 손에 붙잡힌 경애왕은 스스로 목숨을 끊고 말았지요.

아하, 그렇구나! 포석정은 신라 왕들의 놀이터였을까?

포석정은 신라의 귀족들이 술을 마시고, 시를 읊으며 노는 휴식처였다. 하지만 포석정은 원래 화랑 제8대 풍월주인 '문노'의 사당이었다. 처음에는 나라의 안위를 비는 제사를 올리는 곳이었는데 시간이 흐르면서 귀족들이 모여 휴식을 취하는 놀이터가 되었다.

어서, 어서, 우리를 구해 달라고 왕건에게 청하거라.

의종 & 무비

고려 제18대 왕. 재위 1146~1170

1170년 고려는 큰 위기를 맞았어요. 그동안 문신들에게 무식한 군인들이라며 천대받고 무시당했던 무신들이 반란을 일으킨 거예요. 정중부, 이의방, 이고 등의 무신들이 주축이 되어, 많은 문신을 죽이고 무신들의 시대로 만들어 버렸지요. 이때 고려의 제18대 왕인 의종은 '무비'라는 아름다운 궁녀와 노느라 나라 상황이 어떤지도 전혀 알지 못하고 있었어요.

무비는 원래 고려의 3경 중 한 곳인 남경의 관비였어요. 그런데 의종의 눈에 띄어 후궁이 되었지요. 의종은 아름다운 무비를 사랑했어요. 무비는 의종의 총애를 믿고 권력을 휘두르며 온갖 부정을 저질렀어요. 무비는 의종과의 사이에 3남 9녀를 낳았지만 다른 후궁들이 받는 내명부 품계는 받지 못했어요. 자식들도 왕자와 왕녀로 인정받지 못했지요. 그래도 여전히 의종은 무비에게 푹 빠져서 나랏일도 제대로 돌보지 않고 오로지 무비와 아이들을 돌보며 흥청망청 놀기만 했어요.

그러던 어느 날, 정중부와 이의방이 '무신의 난'을 일으키고 말았어요. 의종은 거제도로 유배를 가야 할 처지가 되었지요. 무비는 개경에 간신히 몸을 숨기고 있었지만 정중부에게 붙잡히고 말았어요. 죽을 위기에 처한 무비를 살려 준 것은 의종의 어머니인 공예 태후였어요. 공예 태후가 무비를 의종에게 보내 주라고 간청했던 거예요. 목숨을 건진 무비는 의종과 함께 거제도로 유배를 가게 되었지요.

위기 危機
위험한 고비.
危 위태할 위
機 틀 기

그런데 무비와 이의방은 서로 아는 사이였어요. 지난 날 이의방이 하급 장수였을 때 궁녀였던 무비를 보고 한눈에 반했지요. 무비에게 사랑을 고백했지만 권력을 누리고 싶었던 무비는 이의방의 고백을 거절했어요. 오로지 왕의 여자가 되고 싶었던 거예요. 무비를 좋아했던 이의방은 이의민을 거제도로 보내 무비를 데려오게 했어요. 이의민을 따라 개경으로 다시 온 무비는 이의방과 만나게 되었지요. 무비는 과거에 이의방을 거절했지만 이제 최고 권력자가 된 이의방을 따르기로 했어요.

3년 뒤 동북면 병마사 김보당이 의종을 복위시키기 위해 난을 일으켜 의종을 경주로 피난시키는 일이 일어났어요. 그러자 무비는 이의방에게 의종을 죽이라는 말까지 했지요. 자신을 사랑해 주었고 권력을 손에 쥐어 주었던 의종을 배신한 거예요. 이의방의 명에 따른 이의민은 군사를 이끌고 경주로 가서 반란군을 진압한 뒤 의종을 다시 붙잡아 처참하게 죽였지요. 결국 의종은 자신이 사랑했던 여인 무비에 의해 목숨도 잃는 어리석은 왕으로 기억되고 있답니다.

원종

고려 제24대 왕. 재위 1260~1274

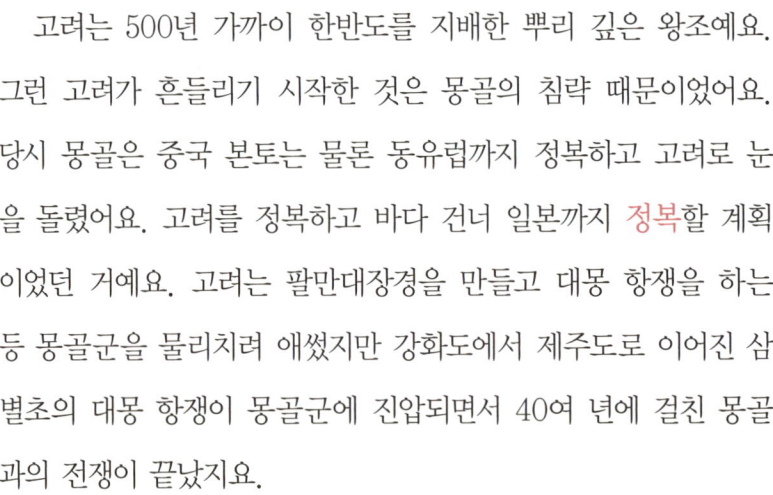

고려는 500년 가까이 한반도를 지배한 뿌리 깊은 왕조예요. 그런 고려가 흔들리기 시작한 것은 몽골의 침략 때문이었어요. 당시 몽골은 중국 본토는 물론 동유럽까지 정복하고 고려로 눈을 돌렸어요. 고려를 정복하고 바다 건너 일본까지 정복할 계획이었던 거예요. 고려는 팔만대장경을 만들고 대몽 항쟁을 하는 등 몽골군을 물리치려 애썼지만 강화도에서 제주도로 이어진 삼별초의 대몽 항쟁이 몽골군에 진압되면서 40여 년에 걸친 몽골과의 전쟁이 끝났지요.

이로 인해 고려에서는 무신 정권이 무너졌고, 몽골에서도 권력 다툼에서 승리한 쿠빌라이가 제5대 칸에 올라 국호를 '원'으로 고치고 제1대 황제 세조가 되었어요. 원나라는 본격적으로 고려를 간섭하기 시작했지요. 고려의 왕들은 원나라의 공주와 결혼해야 했고 왕자가 태어나면 원나라에서 생활하다 아버지 왕이 죽으면 고려로 와 왕이 되었어요. 그리고 왕위는 원나라 공주와의 사이에서 낳은 왕자가 잇도록 했지요. 또한 원나라의 사위가 되는 나라의 왕으로서 충성을 맹세한다는 의미로 왕의 묘호에 '충'자를 붙였지요. 제25대 충렬왕부터 제30대 충정왕까지 고려의 왕들 이름에 충자가 붙은 까닭은 바로 이것 때문이에요.

이렇게 고려가 무려 100여 년 가까이 원나라의 속국으로 지낸 데는 제24대 왕 원종의 탓이 가장 컸어요. 한 번 왕위를 빼앗겼던 적이 있는 원종은 원나라 세조에게 자신의 아들을 사위로

정복 征服
남의 나라를 공격해 땅을 빼앗음.
征 칠 **정**
服 복종할 **복**

묘호 廟號
임금이 죽은 후에 살아생전의 공덕을 기려 붙인 이름.
廟 사당 **묘**
號 이름 **호**

속국 屬國
정치적으로 다른 나라에 매여 있는 나라.
屬 무리 **속**
國 나라 **국**

맞아 달라고 청했어요. 원 황실과 혼인 관계를 맺어 자신의 정치적 힘을 더욱 단단하게 다지려는 계획이었지요. 세조는 그 청을 받아들였고, 이때부터 고려는 원나라의 공주를 왕비로 맞이하게 되었답니다.

원나라는 원종에게 일본과의 전투에 필요한 군사와 전함, 곡물 등을 바치라고 요구했어요. 가뜩이나 몽골과의 오랜 전쟁으로 인해 백성들의 생활은 지칠 대로 지쳐 있는 상태였는데도 원종은 백성들을 쥐어짜 더 많은 세금을 거둬들였지요.

원종이 시키는 대로 군수품을 바치자 원나라는 또다시 무리한 요구를 했어요. 이번에는 남편이 없는 부녀자 140명을 바치라고 한 거예요. 그 명령이 떨어지기 무섭게 원종은 '결혼도감'을 설치하여 남편을 잃은 아녀자, 역적의 아내, 파계승의 딸, 민간의 독녀들을 모아 보냈어요. 그러자 백성들의 원성이 커지고 불만이 늘어 갔지요.

"폐하, 저들의 무리한 요구를 거절해야 합니다."

"저들이 나의 왕권을 지켜 줄 수만 있다면 나는 더한 요구도 들어줄 것이오."

원종은 원나라에서 부탁하는 일은 뭐든 들어주었어요. 그렇게 해서라도 왕위를 지키고 싶었기 때문이지요.

그런데 원종이 원나라에 아첨만 했던 건 아니에요. 귀족들에게 땅을 빼앗기고 노비가 된 백성들을 구하기 위해 '전민변정도감'을 설치하는 등 백성을 위한 일도 했지요. 하지만 귀족들의 반대로 아쉽게도 겨우 반역자나 죄인의 땅과 노비들을 몰수하고 가족을 처벌하는 데 그쳤어요.

전함 戰艦
전쟁에 쓰이는 배.
戰 싸움 **전**
艦 큰 배 **함**

파계승 破戒僧
불자가 지켜야 할 규범을 깨뜨린 승려.
破 깨뜨릴 **파**
戒 경계할 **계**
僧 중 **승**

충렬왕 & 무비

고려 제25대 왕. 재위 1274~1298.1, 복위 1298.8~1308.7

충렬왕은 원종의 아들이에요. 원나라 공주와 혼인한 첫 번째 고려 왕으로, 원종의 명령에 따라 아내와 아들이 있는데도 마흔이 가까운 나이에 원나라 공주와 혼인을 해야만 했지요. 원나라는 몽골의 쿠빌라이가 중국을 평정하고 세운 나라예요. 충렬왕은 원종이 승하하자 왕위를 잇기 위해 고려로 돌아왔어요. 쿠빌라이의 딸 제국 대장 공주와 결혼하기 위해 떠났던 충렬왕은 머리부터 발끝까지 몽골식으로 바뀐 모습이었지요.

"이건 몽골식 머리 모양이라오. **변발**이라고 하지."

"이 옷은 몽골의 **전통** 의상이라오. **호복**이라고 하지."

충렬왕은 신하들에게도 변발을 하도록 하고 호복을 입으라고 강요했어요. 이를 따르지 않는 신하는 회초리로 때리기까지 했지요. 변발과 호복은 이후 약 80여 년 동안 이어지다가 제31대 왕인 공민왕 때에 가서야 비로소 없앨 수 있었지요.

충렬왕은 나라를 돌보는 일에는 관심이 없었어요. 백성들이 귀족들에게 땅을 빼앗기고 노비가 되어도 아랑곳하지 않았지요. 나중에는 노비의 수가 전체 인구의 3분의 1에 달할 정도로 늘어났지만 관심조차 두지 않았어요. 사냥을 즐기고, 술을 마시며 흥청망청 연회를 여는 것에만 관심이 있었는데 특히 매 사냥을 즐겼다고 해요. 매를 키우고 훈련시키는 '응방'이라는 관청까지 설치하고 매 사냥을 즐겼는데 응방을 유지하고 관리하기 위해 원나라에서 기술자까지 데려왔다고 해요.

변발 辮髮
몽골인이나 만주인의 풍습으로, 남자의 머리를 뒷부분만 남기고 나머지 부분을 깎아 뒤로 길게 땋아 늘임. 또는 그런 머리.

辮 땋을 **변**
髮 터럭 **발**

전통 傳統
지난 시대에 이미 이루어져 계통을 이루며 전해져 내려오는 사상이나 관습, 행동 등.

傳 전할 **전**
統 거느릴 **통**

호복 胡服
만주인의 옷. 오랑캐의 옷차림.

胡 오랑캐 **호**
服 옷 **복**

충렬왕은 백성들의 고충에도 아랑곳하지 않고 백성의 논밭과 산을 불태워 사냥터를 만들고, 사람들이 드나들지 못하도록 했어요. 충렬왕은 특히 경기도 파주에 있는 도라산으로 사냥을 자주 나갔는데 이때 항상 후궁 무비를 데리고 다녔어요. 그래서 사람들은 무비를 '도라산'이라고 부를 정도였다고 해요.

훗날 충렬왕의 뒤를 이어 왕이 된 충선왕은 어머니인 제국 대장 공주가 죽자 그 원인이 무비 때문이라 여겨 무비를 죽이고 그 일당을 벌하는 일까지 벌어졌어요. 충렬왕은 아들이 자신이 가장 아끼는 무비를 죽이는 것을 보고도 말릴 수가 없었어요. 비록 자신의 아들이긴 하지만 제국 대장 공주가 죽어 힘이 약해진 마당에 원나라 황제의 외손자이기도 한 충선왕에게 함부로 명령할 수 없었던 거예요.

충선왕

고려 제26대 왕. 재위 1298.1~1298.8, 복위 1308.7~1313.3

"나의 아들과 원나라 공주 사이에 태어난 왕자에게 다음 왕위를 물려주겠소. 약속하오!"

원종은 원나라의 황제 쿠빌라이에게 이렇게 약속했어요. 결국 원종의 아들인 충렬왕은 고려인인 첫 번째 부인과의 사이에서 태어난 아들이 있는데도 원나라 제국 대장 공주와 혼인해 낳은 아들에게 왕위를 물려주었지요. 이렇게 왕위에 오른 왕이 바로 고려 제26대 왕인 충선왕이에요.

"원나라의 공주가 낳은 아들이니 당연히 원나라에서 교육을 시켜야 하지 않겠소?"

"지금 세자를 원나라로 보내란 말씀이십니까?"

"왕위를 물려받을 때가 되면 고려로 돌려보내 주겠소."

원종과 원나라 쿠빌라이의 협약에 의해 원나라 공주와 고려의 왕 사이에서 낳은 왕자는 원나라에서 생활하다가 아버지나 어머니가 죽으면 고려로 돌아올 수 있었어요. 충선왕 역시 1297년 어머니인 제국 대장 공주가 죽고 나서야 고려에 잠깐 돌아왔지요. 어머니와 사이가 좋았던 충선왕은 어머니인 제국 대장 공주가 죽은 것이 충렬왕의 후궁 무비 때문이라고 생각했어요. 무비를 미워한 충선왕은 무비와 그 일당을 잡아 국문한 뒤 무비는 죽이고 그 일당도 죽이거나 유배를 보냈어요.

제국 대장 공주가 죽고 아끼던 무비와 힘이 되어 주었던 측근들이 사라지자 충렬왕은 충선왕에게 왕위를 넘겼어요. 그래서 어머니 장례 후 원나라로 돌아갔던 충선왕이 다시 고려로 돌아와 왕이 되었지요.

"내가 왜 이 작은 나라에 붙잡혀 지내야 하는지 모르겠어."

어렸을 때부터 원나라에서 자란 충선왕은 고려보다 원나라가 훨씬 편하고 좋았어요. 충선왕은 고려 생활에 적응하지 못하고 결국 왕위에 오른 지 두 달여 만에 원나라로 돌아가 그곳에서 임금의 뜻을 담아 쓰는 왕명서인 '전지'를 통해 고려의 정치를 돌보았지요. 그러니 나랏일이 제대로 될 리 없었어요. 게다가 충선왕이 원나라에서 지내는 동안 쓰는 돈은 모두 고려의 백성들이 세금으로 내는 것이었어요. 그러나 충선왕은 아랑곳하지 않고 흥청망청 돈을 쓰고 즐겼지요. 대신들은 날마다 고려로 돌아와 달라고 했어요. 원나라의 황제도 충선왕에게 그만 고려로 돌아가 나라를 돌보라고 했지만 충선왕은 끝내 돌아오지 않았어요.

우리나라 최초의 혼혈 왕이었던 충선왕은 자신의 지위를 놓치지 않으려고 큰아들까지 죽인 가혹한 왕이었지만 결국 둘째 아들에게 왕위를 물려주고 고려를 등진 채 끝까지 원나라에서 지냈답니다.

전지 傳旨
임금의 뜻을 담아 관청이나 관리에게 전함.
傳 전할 전
旨 뜻 지

충혜왕

고려 제28대 왕. 재위 1330~1332, 복위 1339~1344

고려 말기에 이르자 원나라의 간섭은 극에 달했어요. 원나라에서는 이미 왕이 된 사람이라 할지라도 마음에 들지 않으면 여러 가지 구실을 붙여 폐위시켜 버렸지요. 충렬왕과 충선왕, 충숙왕도 이런 일을 겪었고, 충혜왕 역시 원나라 황제의 명에 따라 왕이 되었다가 폐위되었고, 다시 왕이 된 사람이에요.

충혜왕은 처음 왕이 되었을 때 새로운 고려를 만들기 위한 여러 가지 정책을 펼쳤어요. 너무 귀해 사용하기 힘든 은병 대신 소은병이라는 작은 단위의 화폐를 유통시키고, 전국에 소금을 관리하는 기관을 두는 등 적극적인 정책도 펼쳤어요. 하지만 충혜왕의 이러한 노력은 오래가지 못했어요. 원나라에 있을 때부터 술 마시고 노는 것을 즐겼던 충혜왕은 왕이 되어서도 곧 정치를 멀리하고 술 마시며 사냥에 빠졌지요. 충혜왕을 몹시 싫어했던 원나라의 관리가 행실을 트집 잡아 원나라 황제에게 상소를 올린 거예요.

"고려의 왕이 술과 여인, 사냥에 빠져 정치를 제대로 하지 못한다 하옵니다. 또한 원나라를 무시한다고 합니다."

"뭐라? 그것이 사실이라면 가만히 있을 수 없지!"

원나라 황제는 충혜왕을 폐위시켜 버렸어요. 왕이 된 지 겨우 2년 만의 일이었지요. 결국 충혜왕은 다시 원나라로 돌아갔고 고려에서는 충혜왕 대신 아버지 충숙왕이 다시 왕위에 올랐어요. 그러나 충숙왕은 병으로 살 날이 얼마 남지 않은 상태였지요.

간섭 干涉
남의 일에 참견함.
干 방패 **간**
涉 건널 **섭**

상소 上疏
임금에게 올리던 글.
上 윗 **상**
疏 소통할 **소**

"충숙왕이 죽었다고? 다음 왕위를 이을 사람도 없는데……."

"다시 충혜왕을 왕으로 삼는 것이 어떻겠습니까?"

이렇게 해서 다시 왕이 된 충혜왕은 얼마 가지 못해 다시 왕위에서 쫓겨났어요. 신하들이 원나라에 올린 상소 때문이었지요. 신하들은 충혜왕이 나랏일은 돌보지 않고 술과 향락에 빠져 지낸다는 상소를 올렸어요. 그로 인해 원나라 조정에서는 충혜왕을 다시 폐위시켜야겠다는 결정을 내렸던 거예요.

원나라 병사들에게 붙잡힌 충혜왕은 황제의 명령에 따라 원나라 광둥성으로 귀양을 가게 되었어요. 그러나 귀양 가는 도중 병으로 죽고 말았다고 해요.

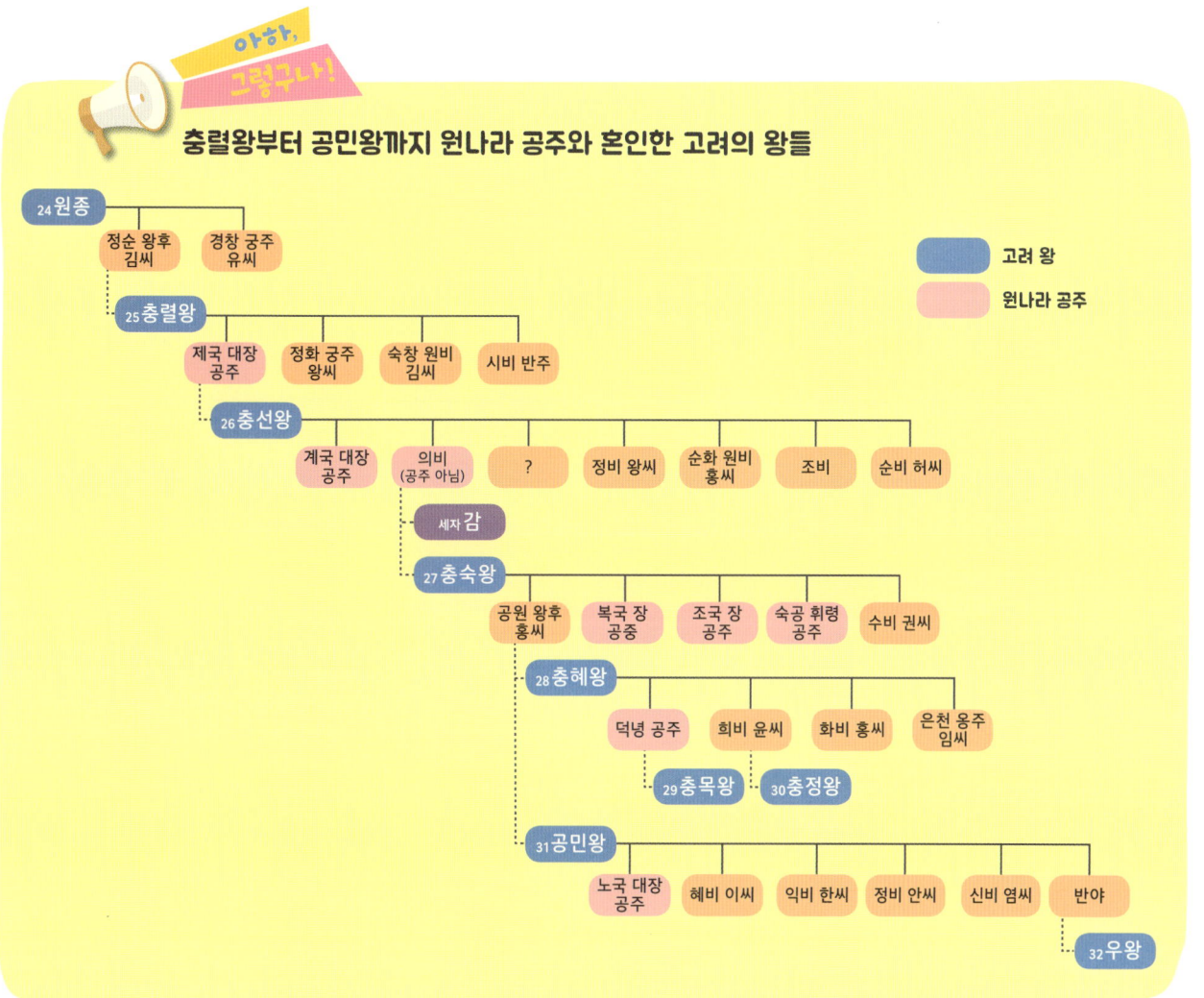

충렬왕부터 공민왕까지 원나라 공주와 혼인한 고려의 왕들

주원장

중국 명나라 제1대 황제. 재위 1368~1398

주원장은 명나라를 세운 첫 번째 황제예요. 황제가 되기 전까지만 하더라도 주원장은 하루 한 끼도 먹기 어려운 생활을 했어요. 굶주림을 견디지 못해 절에 들어가 승려가 되기로 마음먹기까지 했지요. 그러나 절에서도 마음껏 배를 채울 수 없었어요. 당시는 원나라가 멸망하기 직전이라 나라 안팎으로 어지럽고, 곳곳에서 민란이 끊이지 않았거든요.

주원장은 승려를 관두고 비렁뱅이 생활을 하며 곳곳을 다녔어요. 그러다가 홍건적에 들어갔지요. 머리에 붉은 두건을 둘렀다고 해서 홍건적이라 불렀는데 원나라로부터 많은 차별을 받던 한족 농민들이 원나라에 맞서 일으킨 반란군이에요. 홍건적 무리에서 힘을 키운 주원장은 홍건적들을 평정하고 한족의 통일된 왕조를 세웠어요. 그리고 북벌을 **감행**해 원나라를 북방으로 몰아냈지요.

"몽골의 문화, 풍습, 습관은 모조리 다 없애도록 해!"

주원장은 원나라 때 유행했던 몽골의 풍습과 옷, 문화 등을 없앴어요. 그리고 오로지 황족에게만 권력을 나누어 주었어요. 황족에게 지방을 다스리도록 했는데, 혹시 황족들이 반란을 일으킬까 봐 두려워서 병권만큼은 갖지 못하게 했어요. 결국 나라의 모든 힘은 황제만 휘두를 수 있게 되었지요. 덕분에 명나라 주원장은 다른 어느 황제보다 강력한 힘을 가질 수 있었어요.

그러나 주원장의 경계심은 수그러들지 않았지요. 주원장은 조

감행 敢行
용감하게 실행함.
敢 감히, 굳셀 **감**
行 다닐 **행**

금이라도 힘이 모이는 신하가 생기면 온갖 방법을 동원하여 누명을 씌우고, 역모 죄를 물어 죽였어요. 주원장이 나라를 다스리는 동안 역모 죄로 몰린 사람의 수가 무려 수만 명에 이를 정도였지요.

"어허, 나랏일을 나 혼자 모두 해결해야 하니 몸이 열 개라도 모자랄 지경이구나."

"폐하, 그러지 마시고 다른 황족에게 일을 덜어 주시는 게 어떻사옵니까?"

"내가 그들을 어찌 믿겠느냐? 그들이 만약 반란이라도 일으킨다면 어떻게 해?"

주원장은 신하를 통 믿지 못했어요. 심지어 신하들을 몰래 감시하는 비밀 조직을 운영하기도 했지요. 신하를 믿지 못했던 주원장은 수만 명의 신하를 죽였을 뿐 아니라 신하에게 중요한 일을 맡기지 못하고 혼자 떠안아야 했어요. 주원장의 이런 행동은 결과적으로 그를 가장 나쁜 왕으로 만들었어요. 신하를 믿지 못하고, 백성을 믿지 못하는 왕이 사랑받고 존경받을 리 없는 것은 당연한 이치이겠지요.

역모 逆謀
반역을 꾀함. 또는 그런 일.
逆 거스를 역
謀 꾀 모

연산군
조선 제10대 왕. 재위 1494~1506

연산군의 아버지인 성종은 조선을 평화롭게 다스린 훌륭한 임금이었어요. 성종은 교육과 문화를 번영시켰고, 나라를 다스릴 법령을 완성하는 등 많은 업적을 남겼지요. 또, 지방에서 조용히 학문을 갈고닦던 선비들을 조정으로 불러들여 벼슬을 주었어요. 이러한 선비들을 '사림'이라고 해요. 성종이 사림을 불러들인 이유는 전부터 높은 벼슬을 하고 있던 사람들을 견제하기 위해서였어요. 그들을 '훈구파'라고 하는데, 성종은 사림과 훈구파를 이용해 정치가 조화를 이루도록 했던 거예요. 성종이 이렇게 노력한 덕분에 나라는 큰 안정을 이룰 수 있었지요.

그러나 연산군이 왕이 되면서 이러한 균형이 깨지고 말았어요. 훈구파와 사림파가 권력 다툼을 할 때 연산군이 훈구파의 손을 들어 주었기 때문이었지요. 그로 인해 수많은 사림파가 죽임을 당했는데, 이 일을 '사화'라고 해요. '무오사화'와 '갑자사화'가 대표적이지요.

1498년에 『성종실록』이 편찬되었는데 훈구파인 실록청 당상관 이극돈은 사관 김일손이 실은 '조의제문'이라는 글을 보게 되었어요. '조의제문'은 김일손의 스승인 김종직이 성종 때 지은 글로, 세조가 단종에게서 왕위를 빼앗은 일을 풍자해 지은 글이에요. 이극돈은 곧 연산군에게 고해 세조가 단종에게서 왕위를 빼앗은 사건을 비난하는 일이라고 주장했지요. 그러자 연산군은 사림파를 크게 벌하였어요. 이 사건을 무오년에 일어난 사화라

무오사화 戊午士禍
조선 연산군 때 무오년(1498년)에 훈구파의 모함을 받은 사림파들이 죽임을 당하거나 쫓겨난 사건.

戊 천간 **무**
午 낮 **오**
士 선비 **사**
禍 재앙 **화**

갑자사화 甲子士禍
조선 연산군 때 갑자년(1504년)에 연산군의 생모인 윤씨가 폐비된 일과 관련해 많은 선비들이 죽임을 당한 사건.

甲 갑옷 **갑**
子 아들 **자**
士 선비 **사**
禍 재앙 **화**

하여 '무오사화'라고 해요.

사림파는 이어 6년 뒤 갑자년에 또다시 큰 화를 입게 돼요. 연산군이 자신의 친어머니인 윤씨가 폐비되어 궐에서 쫓겨났고, 사약을 받고 죽었다는 사실을 알게 된 거예요. 연산군은 어머니가 억울한 죽음을 당했다고 믿었어요. 그래서 윤씨를 모함했던 후궁들을 죽이고 윤씨의 복위를 반대하는 사림파 신하들에게 죄를 물었지요. 이것이 '갑자사화'예요.

신하들은 더 이상 연산군의 눈 밖에 나지 않으려고 몸을 사리고 말을 아꼈어요. 연산군이 전국의 기녀들을 궁으로 불러들여 날마다 연회를 열고, 백성들이 살고 있는 집들을 불태워 사냥터로 만드는 등 방탕한 생활을 일삼아도 바른말을 하려 들지 않았어요.

결국 나라의 금고는 바닥이 났고 백성들의 생활은 점점 어려워졌지요. 보다 못한 신하들은 새로운 왕을 세우기로 결심하고 반정을 일으켰어요. 결국 연산군은 집권한 지 12년 만에 왕위에서 쫓겨나고 말았지요.

꼬리를 무는 PLUS인물

장녹수
(?~1506)

장녹수는 연산군을 폭군으로 만드는 데 큰 몫을 한 여자였어요. 연산군이 매일 술에 취해 나랏일에는 관심을 끊도록 만들었거든요. 원래 장녹수는 양반과 첩 사이에 태어난 여인이었어요. 궁에 들어오기 전 이미 여러 번 시집을 갔던 장녹수는 먹고 살기가 막막해지자 춤과 노래를 배워 기생이 되었어요.

장녹수는 얼굴이 빼어난 미인은 아니었지만, 춤과 노래 실력이 빼어나 큰 인기를 누렸어요. 그러던 어느 날, 연산군이 전국의 기녀들을 뽑아 궁 안에 들이도록 명령했어요. 춤과 노래 솜씨가 좋았던 장녹수는 흥청이 되어 궁궐로 들어갈 수 있게 되었지요. 궁궐로 들어간 장녹수는 단번에 연산군의 마음을 사로잡았어요.

"녹수야, 네가 원하는 것이 무엇이든 말만 하거라. 그러면 내가 다 들어줄 것이다."

"정말이시어요, 전하?"

연산군은 종4품 숙원이었던 장녹수에게 종3품 숙용의 **품계**를 내려 주었어요. 연산군은 장녹수를 너무 사랑한 나머지 그녀가 원하는 것은 무엇이든 다 들어주었다고 해요. 장녹수는 연산군을 부추겨 날마다 큰 잔치를 열고, 사치스러운 생활을 했지요.

장녹수의 권세는 날이 갈수록 더해 갔어요. 사람들은 세상이 장녹수의 치마폭 안에 있다고 비아냥거렸지요. 사람들은 장녹수가 연산군의 총애만 믿고 막강한 권력을 휘두른 탓에 나라 꼴이 엉망이 되었다

품계 品階
여러 벼슬자리에 대해 매기던 등급. 제일 높은 정1품에서 제일 낮은 종9품까지 18단계로 구분된다.

品 물건 품
階 섬돌 계

고 수군거렸어요. 그래도 장녹수의 기세는 꺾일 줄 몰랐지요. 심지어 장녹수의 하인까지도 사람들에게 떵떵거리며 횡포를 부렸을 정도라고 해요.

하지만 장녹수의 세상은 그리 오래가지 못했어요. 연산군의 폭정에 반기를 든 양반들이 역모를 일으켰던 거예요. 반란군에게 붙잡혀 죽임을 당한 장녹수는 죽어서도 편치 못했어요. 반란군이 장녹수의 시체를 길가에 두고 지나가는 사람들에게 돌멩이를 던지도록 했거든요. 사람들은 죽은 장녹수에게 돌을 던지며 원망을 표현했다고 해요.

원망 怨望
못마땅하게 여겨 탓하거나 불만을 품고 미워함.

怨 원망할 **원**
望 바랄 **망**

선조
조선 제14대 왕. 재위 1567~1608

선조는 아주 무능한 왕이었어요. 한 나라를 책임지는 왕이 무능하면 나라가 제대로 운영될 수 없기 마련이지요.

1392년 태조 이성계가 나라를 세운 이후 조선은 약 200여 년 동안 큰 전쟁 한 번 치르지 않았을 정도로 평화로운 상태가 이어졌어요. 그러자 왕뿐 아니라 국방을 지키는 병사들조차 나태해졌지요.

선조는 일본이 조선을 침략할지도 모른다는 소식을 듣고 1590년 황윤길과 김성일을 일본에 통신사로 보냈어요. 도요토미 히데요시를 만나고 온 두 사람은 서로 다른 보고를 했어요. 서인이었던 황윤길은 일본이 침략할 것이니 병사를 정비하고 언제 쳐들어올지 모르는 적군의 침입에 대비해야 한다고 말했어요. 하지만 동인인 김성일은 전쟁이 일어나지 않을 것이라며 걱정하지 말라고 했지요. 선조는 김성일의 말만 믿고 황윤길의 말을 한쪽 귀로 듣고 한쪽 귀로 흘려 버렸어요.

그러나 1592년 4월, 일본의 도요토미 히데요시가 보낸 20만 대군이 조선을 쳐들어왔어요. 전쟁 대비를 하지 않은 선조는 왜군이 한양 가까이까지 진군하자 한양을 버리고 의주로 피란을 떠났지요. 백성들은 왕이 끝까지 왜적과 맞서 싸울 생각은 하지 않고 백성과 도성을 버리고 도망쳤다며 몹시 분노했어요. 화가 난 백성들은 왕을 원망하며 궁궐로 몰려가 불을 지르고 노비 문서를 불사르기까지 했지요.

피란 避亂
난리를 피하여 옮겨 감.
避 피할 피
亂 어지러울 란(난)

한편, 한양을 비롯해 개성과 평양까지 함락시킨 왜적들이 계속해서 북쪽으로 쳐들어오자 선조는 요동으로 망명할 계획까지 세웠어요. 전쟁이 일어났을 때 선조를 대신해서 왜적과 맞서 싸운 사람은 둘째 아들인 광해군이었어요. 선조는 피란을 가던 중 평양에서 광해군을 임시로 세자에 책봉하고 '분조'를 맡긴 뒤 의주로 향했어요. 광해군은 병사를 이끌고 열심히 싸웠지요. 또, 이순신, 권율 등 수많은 장군과 나라 곳곳에서 일어난 의병들이 목숨을 걸고 이 땅을 지키기 위해 애썼어요.

1598년, 이순신 장군이 이끄는 조선의 수군이 노량 해전에서 왜적들을 크게 물리친 덕분에 길고 길었던 전쟁이 승리로 끝날 수 있었어요. 전쟁이 끝나고서야 선조는 다시 한양으로 돌아왔지요.

선조는 이순신이 나라를 위해 목숨 바쳐 싸우는 동안 두 번이나 백의종군시켰어요. 이순신이 승리하기 위한 전투를 하기 위해 노력하는 것을 외면하고 왕인 자신의 말을 듣지 않는다는 이유였지요. 또 전쟁이 끝나자 유성룡도 파직시켰어요. 유성룡을 지지하지 않는 편에서 유성룡에게 전쟁의 책임을 물었는데 선조 역시 그들의 뜻에 따른 것이지요.

선조는 일본의 침략에 대비하지도 못했고, 전쟁이 나자 도성과 백성을 버리고 도망을 간 비겁한 왕으로, 전쟁이 끝난 뒤에도 제대로 수습하지 못한 왕으로, 나라보다는 자신의 안위와 왕권을 지키기 위해 더 노력한 왕으로 기억되고 있어요.

분조 分朝
위급 상황에서 임금과 세자가 따로 피란하여 세자가 거느리는 조정.
分 나눌 분
朝 아침 조

의병 義兵
외적을 물리치기 위해 백성들이 자발적으로 조직한 군대. 또는 그 군대의 병사.
義 옳을 의
兵 병사 병

백의종군 白衣從軍
벼슬이 없이 군대를 따라 전쟁터에 나감.
白 흰 백
衣 옷 의
從 따를 종
軍 군사 군

인조

조선 제16대 왕. 재위 1623~1649

조선에는 반란으로 왕위를 차지한 임금이 세 명 있어요. 첫 번째가 단종을 내쫓고 왕위에 오른 세조, 두 번째가 연산군을 몰아낸 중종 그리고 세 번째가 광해군을 몰아낸 인조예요. 세조나 중종 역시 반정으로 왕이 되었지만, 그들은 반정 이후 나라를 안정시키고 백성들의 마음을 얻었어요. 그러나 인조는 백성들에게 지지를 얻지 못했어요.

인조는 광해군을 어머니를 폐하고 동생을 죽인 **패륜아**로 몰아 내쫓아 버렸어요. 하지만 임진왜란 때 광해군이 얼마나 애썼는지 지켜보았던 백성들은 그 말을 믿으려 하지 않았어요.

광해군이 나라를 다스릴 때만 하더라도 만주의 여진족이 세운 후금과 명나라 사이를 오가며 **중립** 외교를 펼쳤어요. 하지만 인조는 후금을 오랑캐가 세운 나라라며 무시했고, 기울어 가는 명나라에는 예의를 갖춰 가며 긴밀한 관계를 유지했어요.

그러자 후금은 명나라를 치기 전에 조선을 먼저 치고자 마음 먹고 있었지요. 그런데 마침 인조를 왕으로 세우는 데 큰 공을 세우고도 1등이 아닌 2등 공신이 된 것에 불만을 품은 이괄이 난을 일으켰어요. 하지만 난은 성공하지 못했고, 이괄은 후금으로 도망을 쳤지요. 이괄은 후금의 황제인 태종에게 광해군이 억울하게 폐위되었다고 고했어요. 태종은 인조가 광해군을 폐위시킨 것을 구실로 조선에 군사를 보냈어요. 이로 인해 1627년에 일어난 전쟁이 '정묘호란'이에요. 이때 조선은 후금과 형제의 관계

패륜아 悖倫兒
인간으로서 마땅히 하여야 할 도리에 어그러지는 행동을 하는 사람.
悖 거스를 **패**
倫 인륜 **륜**(윤)
兒 아이 **아**

중립 中立
어느 쪽에도 치우치지 않고 중간 입장을 지킴.
中 가운데 **중**
立 설 **립**(입)

를 맺게 되었지요.

하지만 그 후에도 인조가 명나라와의 관계를 끊지 않고 계속 친밀하게 지내자 나라 이름을 '청'으로 바꾼 후금은 1636년 10만 대군을 이끌고 다시 조선에 쳐들어왔는데 이것이 '병자호란'이에요.

인조는 병자호란이 일어나자 강화도로 피란하려 했어요. 하지만 이미 한양 가까이까지 쳐들어온 청나라 군사들에 의해 길이 막히는 바람에 어쩔 수 없이 남한산성으로 피란을 떠났지요. 인조는 남한산성을 지킬 병사를 모집하고 명나라에 지원병을 요청했지만 이들이 도착하기도 전에 청나라 군사가 남한산성을 포위했어요. 뒤이어 청나라의 태종도 도착했지요. 남한산성은 청나라 군사에 의해 완전히 고립되었어요.

성 안의 식량은 부족했고, 성 밖에서는 청나라 군사들이 조선 백성들을 힘들게 했어요. 그러자 청나라를 오랑캐의 나라라며 무시하던 조정 대신들까지 나서서 용서를 구하는 것이 좋겠다고 주장했어요. 결국 청에 항복하기로 결정한 인조는 청나라 황제에게 세 번 절하고 머리를 아홉 번 조아리는 수모를 겪었어요. 이것을 '삼전도의 굴욕'이라고 해요. 이제 형제의 관계가 아니라 군신 관계가 된 거예요. 인조는 처참한 굴욕을 당한 후에야 한양으로 돌아올 수 있었지요. 병자호란이 끝난 뒤 청나라 군사들은 인조의 두 아들인 소현 세자와 봉림 대군(훗날 제17대 왕 효종), 그리고 조정의 대신들과 20만 명의 백성들을 인질로 끌고 갔답니다.

꼬리를 무는 PLUS인물

귀인 조씨
(?~1651)

인조가 가장 아꼈던 조씨는 양반가의 **서녀**였는데 1630년 궁녀로 궁궐에 입궁했어요. 그리고 뛰어난 미모로 인조를 사로잡아 종4품 숙원에서 종1품 귀인의 자리까지 오를 수 있었어요.

"전하, 소문 들으셨어요? 다른 **비빈**들이 저를 질투하여 마구 헐뜯고 다닌다고 하옵니다."

"뭐? 그것이 사실이라면 절대 가만 두어서는 아니 되지!"

사실 조씨는 간악하고 질투심이 강한 여자였어요. 사람들을 **모함**하여 인조와의 사이를 이간질하곤 했지요. 궁궐에 사는 사람들은 혹여나 조씨에게 미움을 살까 봐 몸을 사릴 정도였어요. 또 인조가 다른 후궁에게 관심을 보이기라도 하면 온갖 방법을 다 동원해 이를 갈라놓으려고 애썼어요. 특히 조씨는 청나라에 볼모로 잡혀갔다 돌아온 소현 세자의 비인 강빈과 사이가 좋지 않았어요.

"흥, 자기가 세자빈이라고 나를 무시해? 그냥 두지 않겠어!"

조씨는 툭하면 인조에게 강빈에 대한 **험담**을 늘어놓았어요. 그 일로 인조는 며느리를 매우 미워하게 되었지요. 특히 조씨는 소현 세자가 조선으로 돌아온 지 두 달 만에 갑자기 죽은 뒤로는 강빈을 더욱 모함했어요.

"전하, 세자빈이 세자를 독살한 것도 모자라 전하까지 독살하려 한다는 소문이 나돌고 있습니다."

"그것이 사실이오?"

서녀 庶女
정식 부인이 아닌 여자에게서 낳은 딸.
庶 여러 서
女 여자 녀(여)

비빈 妃嬪
비와 빈을 아울러 이르는 말.
妃 왕비 비
嬪 궁녀 벼슬 이름 빈

모함 謀陷
꾀를 써서 다른 사람을 어려움에 빠뜨림.
謀 꾀 모
陷 빠질 함

험담 險談
다른 사람을 헐뜯어서 하는 말.
險 험할 험
談 말씀 담

"그렇습니다, 제가 두 귀로 똑똑히 들었습니다!"

결국 조씨의 꾐에 빠진 강빈은 억울한 누명을 쓰고 사형을 당하게 되었어요.

그러나 조씨의 세상은 그렇게 오래가지 않았어요. 인조가 죽고 효종이 왕이 된 뒤 조씨가 자신이 낳은 왕자인 숭선군을 왕으로 만들고자 계략을 꾸몄다가 들키고 말았던 거예요.

"내게 자의 대비와 왕세자를 없앨 기가 막힌 방법이 있소."

"그것이 무엇입니까?"

"그들의 처소에 뼛가루와 토막 난 시체를 몰래 갖다 묻고 밤마다 무서운 저주를 내릴 것이오. 쥐도 새도 모르게 세상을 떠나도록 만들 것이오."

이 사건이 들통나 숭선군은 왕이 되지 못했고, 조씨는 결국 사약을 받게 되었어요.

헨리 8세

영국 튜더 왕가 제2대 왕. 재위 1509~1547

"아버지의 뜻대로 강한 영국을 만들겠어요!"

헨리 8세는 어려서부터 아버지인 헨리 7세를 따라 외국을 다니며, 해상 무역과 해군의 힘, 외교의 중요성을 깨달았어요. 이후 왕이 된 헨리 8세는 해군 함대를 구축하고, 해상 무역 상인도 적극적으로 지원했지요. 또 출신과 신분에 상관없이 능력만 있다면 누구라도 자신의 능력을 충분히 발휘할 수 있도록 지원했어요.

그러나 헨리 8세의 정책에도 단점은 있었어요. 바로 무자비한 처벌이었지요. 누구도 넘볼 수 없는 강력한 왕이 되어야겠다고 생각한 헨리 8세는 누구든 필요가 없어지면 가차 없이 사형시켜 버렸어요. 신하들은 두려움에 벌벌 떨었지요.

"아무래도 이번 아내와도 이혼해야겠소."

"폐하, 이혼을 하시려면 로마 교황청의 허락을 받아야만 합니다."

"내가 이혼하겠다는데 왜 교황청의 허락이 필요하다는 거요? 정말 마음에 안 들어."

영국은 가톨릭을 국교로 정한 나라였어요. 가톨릭교는 부득이한 사유가 발생하여 이혼을 해야 할 때는 로마 교황청에 사유를 이야기하고 허락을 받아야 했지요. 헨리 8세는 무려 6번이나 이혼을 했는데, 왕으로서 이혼을 할 때마다 로마 교황청에 허락을 구해야 한다는 것이 무척 마음에 들지 않았어요.

구축 構築
체제나 체계 따위의 기초를 닦아 세움.
構 얽을 구
築 쌓을 축

"차라리 우리 영국만의 새로운 종교를 만들어야겠어."

헨리 8세의 이런 생각은 많은 사람들로부터 큰 지지를 받았어요. 그도 그럴 것이 그동안 교황청과 수도원의 비리가 엄청 심했거든요. 교황과 수도사들은 백성들의 생활에 사사건건 간섭했고, 부정부패도 일삼았지요. 종교 개혁을 주도한 헨리 8세는 '영국 국교회'를 새로 만들고 공식 종교로 삼았어요. 영국 국교회는 사실 종교 재판 등 몇 가지 요소만 다르고 대부분 기존 가톨릭교와 거의 비슷해요.

영국 국교회를 만든 헨리 8세는 나이가 들수록 사치스러운 생활에 젖었어요. 교황청의 간섭을 받지 않아도 되니 흥청망청 마음대로 생활할 수 있었지요. 헨리 8세는 돈이 부족해지면 금화를 더 만들어서 사용했어요. 그런데 금 함량을 줄여서 마구 발행하다 보니 영국은 돈의 가치가 떨어지고 물건이나 땅값이 올랐어요. 공유지에 울타리를 쳐서 사유지로 만들어 이득을 취하며 농민들을 괴롭히자 농민들은 점점 살기 힘들어졌지요.

"이게 다 헨리 8세 때문이야!"

농민들의 불만이 터져 나왔고, 곳곳에서 반란이 일어났어요. 결국 헨리 8세로 인해 영국은 큰 혼란에 빠지고 말았답니다.

지지 支持
어떤 사람이나 단체 따위의 주의, 정책, 의견 따위에 찬동해 도와 줌.
支 지탱할 지
持 가질 지

부정부패 不正腐敗
바르지 못하고 썩음.
不 아닐 부(불)
正 바를 정
腐 썩을 부
敗 썩을 패

이반 4세

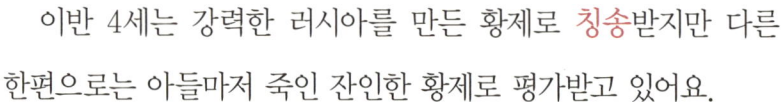
러시아 제1대 황제. 재위 1533~1584

이반 4세는 강력한 러시아를 만든 황제로 칭송받지만 다른 한편으로는 아들마저 죽인 잔인한 황제로 평가받고 있어요.

이반 4세가 왕이 되었을 무렵 러시아는 귀족들의 권력 다툼으로 하루도 편할 날이 없었어요. 아버지인 바실리 3세는 이반 4세가 세 살 때 패혈증으로 사망했고, 어머니는 이반 4세가 여덟 살 때 독살을 당했지요. 그 후 귀족들의 권력 투쟁을 보며 자란 이반 4세는 의심도 많고 경계심도 아주 많은 성격이 되었어요.

힘든 어린 시절을 보내고 '전 러시아의 차르'에 올라 러시아 최초로 황제가 된 이반 4세는 귀족들의 횡포를 억누르고 왕권을 바로 세우고자 노력했어요. 자신을 '차르'라고 부르도록 한 것 역시 자신의 권위를 온 세상에 알리고 새로운 세상을 열겠다는 강력한 의지였지요. 왜냐하면 이전의 러시아 통치자는 '모스크바 공국의 대공'이라고 불렀고, 할아버지인 이반 3세도 스스로를 '차르'라고 했을 뿐이었거든요.

이반 4세는 먼저 귀족들의 영토를 빼앗고, 새로운 국가 회의 제도를 만들어 귀족이 힘을 갖지 못하도록 만들었어요. 또, 모스크바 공국 주변의 나라를 공격해 영토를 넓히기도 했지요. 귀족들의 힘이 약해지자 자연히 이반 4세의 힘은 강해지고, 백성들로부터 인기도 높아졌어요.

그러던 어느 날인 1553년, 이반이 심각한 병에 걸리게 되었어

칭송 稱頌
업적과 어진 덕을 칭찬하고 기림.
稱 일컬을 **칭**
頌 칭송할, 기릴 **송**

요. 그러자 귀족들은 이반 4세의 동생을 왕으로 세우고자 했어요. 그런데 이반 4세가 병을 이겨 내고 다시 나라를 다스리게 된 거예요. 이반 4세는 귀족들이 자신의 자리에 동생을 대신 앉히려 했다는 사실을 알고 크게 분노했어요. 그러던 와중에 황후인 아나스타샤가 세상을 떠나고 말았지 뭐예요.

이반 4세는 신하 중 누군가가 황후를 독살했다고 생각했어요. 화가 난 이반 4세는 이때부터 자신의 동생을 비롯해 신하들을 죽이기 시작했지요. 귀족들이 반대하고 나서자 이반 4세는 흑위병이라는 군대를 만들어 자신에 반대하는 귀족들을 모조리 죽이도록 했어요.

흑위병의 손에 수많은 귀족들이 죽임을 당했지만 이반 4세의 마음은 조금도 수그러들지 않았어요. 심지어 자신의 후계자인 아들까지 의심해서 죽이는 폭군이 되고 말았지요. 왕위를 이을 후계자가 죽자 러시아는 큰 혼란에 빠졌고, 이반 4세의 광기는 더욱 심각해져만 갔어요. 그러던 이반 4세도 아들이 죽은 지 3년 뒤 체스 게임을 하다가 발작을 일으켜 뇌졸중으로 죽고 말았어요. 이반 4세의 죽음 이후 러시아는 세력이 약해질 대로 약해져서 혼란스럽기 그지없었지요.

독살 毒殺
독약을 먹이거나 독을 써서 사람을 죽임.
毒 독 **독**
殺 죽일 **살**

후계자 後繼者
어떤 일이나 사람의 뒤를 잇는 사람.
後 뒤 **후**
繼 이을 **계**
者 사람 **자**

앙리 2세
프랑스 발루아 왕가 제10대 왕. 재위 1547~1559

앙리 2세는 1547년부터 12년 동안 프랑스를 다스렸던 황제예요. 개신교가 처음 생겨났을 무렵 종교 개혁자들을 무차별하게 탄압했지요. 새로운 종교가 생겨나면 황제의 자리가 흔들릴까 봐 그랬던 거예요. 개신교가 또 다른 권력 집단으로 자리 잡게 될까 두려웠던 앙리 2세는 유럽에서부터 시작된 종교 개혁 운동을 철저하게 외면하고 탄압하려 했어요.

"나는 가톨릭보다 오히려 개신교가 더 좋은 것 같은데……."

"맞아, 가톨릭은 너무 부패했어. 썩을 대로 썩었다고. 우리에겐 새로운 종교가 필요해."

프랑스의 일반 백성뿐 아니라 귀족 중에도 개신교를 믿는 사람이 생겨났어요. 하지만 앙리 2세는 가톨릭의 원칙에 따라 개신교를 이단으로 몰아 탄압했지요.

"우리에게 종교의 자유를 달라!"

"우리는 우리가 믿고 싶은 것을 마음대로 믿을 자유가 있다!"

개신교도들은 앙리 2세에 맞서 반발했어요. 심지어 앙리 2세를 암살하려는 사건까지 벌어졌지요.

"개신교를 믿는 자들은 무조건 반역자로 몰아 처단하도록 하라!"

앙리 2세는 개신교도들을 모조리 잡아 죽이라고 명령했어요. 개신교도들의 시위가 거세질수록 앙리 2세의 탄압도 심해졌지요. 이러한 종교 탄압은 훗날 앙리 2세의 아들들이 황제가 되었

탄압 彈壓
권력이나 무력을 써서 억지로 눌러 꼼짝 못 하게 함.
彈 탄알 **탄**
壓 누를 **압**

이단 異端
자기가 믿는 종교의 교리에 어긋나는 이론이나 행동. 또는 그런 종교.
異 다를 **이(리)**
端 가지, 갈래 **단**

암살 暗殺
남몰래 사람을 죽임.
暗 어두울 **암**
殺 죽일 **살**

을 때 큰 재앙이 되어 되돌아왔어요. 앙리 2세의 둘째, 셋째 아들인 샤를 9세와 앙리 3세가 나라를 다스리는 동안 크고 작은 종교 전쟁이 계속해서 일어났던 거예요. 이러한 종교 전쟁은 무려 36년간이나 계속되었고, 이로 인해 프랑스는 많은 사람이 죽게 되었지요.

재앙 災殃
뜻하지 않게 생긴 불행한 일. 또는 천재지변으로 인한 불행한 사고.
災 재앙 재
殃 재앙 앙

가톨릭, 개신교, 기독교는 어떻게 다를까?

가톨릭은 오랫동안 유럽 여러 나라들이 믿고 따르던 종교였다. 그런데 시간이 지날수록 성직자들의 부패가 심해지고, 권력을 쥔 종교인들이 그 힘을 나쁜 곳에 쓰기 시작하자 결국 종교를 개혁하겠다는 움직임이 일어났다. 그 결과 가톨릭에서 기독교가 갈라져 나오게 되었고, 사람들은 이러한 기독교를 개신교라고 불렀다. 기독교회에 귀속한 사람들을 프로테스탄트(신교도)라고 한다.

메리 1세
영국 튜더 왕가 제4대 왕. 재위 1553~1558

메리 1세는 자신의 복수를 위해 권력을 무분별하게 휘둘렀던 왕이었어요. 어머니의 억울한 죽음에 복수하기 위해 수많은 사람들을 죽음으로 내몰았지요.

메리 1세는 헨리 8세의 첫째 딸이에요. 어머니는 에스파냐의 공주 캐서린이지요. 캐서린은 원래 헨리 8세의 형인 아서 왕자와 약혼을 했던 사이였어요. 그런데 약혼을 한 지 6개월 만에 아서가 죽음을 맞이하게 되었어요. 에스파냐와 영국은 둘 사이의 약혼을 없던 일로 하고 다음 왕이 된 헨리 8세와 캐서린을 다시 혼인시켰어요.

헨리 8세는 캐서린 왕비와의 사이에서 왕자가 태어나길 바랐지만 메리 공주만 태어났어요. 그러자 캐서린과 이혼을 하고 메리 공주를 변방의 작은 성에 가두어 버렸어요. 덕분에 메리 1세는 매우 우울하고 힘든 어린 시절을 보내야 했어요. 어머니가 돌아가셨지만 장례식에 참석할 수도 없었고, 공주로서의 지위도 인정받지 못했지요.

그 후 아버지인 헨리 8세가 죽고 나서 세 번째 왕비의 아들이자 헨리 8세의 유일한 아들인 에드워드 왕자가 여섯 살의 나이로 다음 왕이 되었어요. 총명했지만 몸이 약했던 에드워드 왕자는 열여섯 살에 폐결핵으로 세상을 떠나고 말았지요. 결국 왕위는 헨리 8세의 맏딸인 메리 공주의 차지가 되었어요. 여왕이 된 메리가 가장 처음 한 일은 아버지 헨리 8세와 어머니 캐서린의

복수 復讐
원수를 갚음.
復 회복할 복
讐 원수 수

이혼을 무효로 만드는 것이었어요.

"내 어머니의 이혼에 찬성한 사람들을 가만 두지 않겠어."

메리 1세는 헨리 8세의 이혼을 반대하다가 쫓겨난 사람들을 다시 불러들였어요. 그리고 이혼을 찬성했던 사람들은 모조리 처형했지요. 또한 가톨릭교를 다시 부활시키고 이단을 처벌했어요. 이 과정에서 3백여 명의 개신교도들을 처형해 '피의 메리'라고 불리지요.

메리 1세는 아버지의 냉대와 어머니의 엄격한 교육으로 외롭고 힘든 어린 시절을 보낸 탓에 누구보다 가족이 그리웠어요. 하지만 끝내 뒤를 이을 아이를 갖지 못한 채 쓸쓸한 죽음을 맞이했지요.

무효 無效
효력, 효과, 효험이 없음.
無 없을 무
效 보람, 효과 효

루이 14세

프랑스 부르봉 왕가 제3대 왕. 재위 1643~1715

　루이 14세는 프랑스 역사상 가장 강력한 권력을 쥔 왕이라 해도 과언이 아닐 거예요. "짐이 곧 국가다!"라고 말할 정도로 막강한 힘을 갖고 있었지요. 그는 권력을 손에 쥐고 누구보다 화려한 궁정 생활을 누린 왕으로 널리 알려져 있는데, 처음부터 루이 14세가 강한 왕권을 가졌던 것은 아니에요.

　루이 14세는 다섯 살이라는 어린 나이에 프랑스의 왕이 되었어요. 어린 아이가 왕위에 오르자 귀족들은 호시탐탐 왕위를 넘보았지요. 급기야 1648년에는 큰 반란이 일어나는 바람에 루이 14세와 어머니가 궁궐에서 도망쳐 나와 피란 생활을 해야 했어요. 반란은 무려 5년이나 계속 되었고, 루이 14세는 열네 살이 되어서야 궁으로 돌아올 수 있었어요.

　"다시는 왕좌를 빼앗기지 않겠어!"

　어린 시절 겪었던 경험은 루이 14세를 더욱 강하게 만들었어요. 누구도 넘볼 수 없는 강한 왕권을 만들겠다고 다짐했지요.

　루이 14세는 우선 귀족이나 왕족의 권한을 줄이고, 시민이나 상인 계급 중 자신에게 충성할 신하를 뽑아 비서관으로 채용했어요. 그 결과 루이 14세는 프랑스를 60만의 병사를 가진 군사 대국으로 탈바꿈시켰어요. 강력한 군대를 가진 나라가 된 프랑스는 주변 국가와의 전쟁에서도 큰 승리를 거두었지요. 백성들은 루이 14세를 하늘처럼 우러러 보았고, 귀족들도 더 이상 왕권을 넘볼 수 없게 되었어요.

짐 朕
임금이나 황제가 자기 자신을 가리키는 말.

朕 나 **짐**

"내 힘에 걸맞은 궁궐을 지어야겠어. 화려한 궁궐을 지어라. 그 어느 나라의 궁궐보다 화려하고 우아하고 아름다운 궁궐을 짓도록 해!"

루이 14세는 자신을 '태양왕'이라고 칭하고 그에 걸맞은 의상과 장신구, 궁궐 등을 만들게 했어요. 프랑스의 화려한 왕실 문화를 상징하는 베르사유 궁전도 이때 만들어졌지요. 루이 14세의 화려한 생활을 유지하기 위해서는 막대한 돈이 필요했어요.

"더 화려한 무도회를 열어야겠다! 백성들에게 세금을 더 거두도록 해라!"

루이 14세가 일을 벌일 때마다 백성들은 점점 더 많은 세금을 내야 했어요. 급기야 14세기 말 프랑스 경제는 파탄에 이르고 말지요. 게다가 프랑스의 나라 안팎 사정은 어지럽기 그지없었어요. 프랑스의 주변 국가들이 서로 힘을 합쳐 프랑스를 견제하기 시작했고, 종교의 자유를 되찾기 위해 곳곳에서 시위가 벌어졌던 거예요. 루이 14세는 화려한 오늘을 살았을지 모르지만, 그로 인해 프랑스의 미래가 어두워지고 말았지요.

파탄 破綻
일이나 계획이 중도에서 잘못 됨. 또는 재정이 지급 정지 상태가 됨.
破 깨뜨릴 **파**
綻 터질 **탄**

시위 示威
힘이나 기세를 떨쳐 보임.
示 보일 **시**
威 위엄 **위**

왜 루이 14세를 태양왕이라고 불렀을까?

루이 14세가 즉위할 때만 해도 귀족의 힘이 왕과 거의 맞먹을 정도로 왕권이 약했다. 그러나 루이 14세는 태양처럼 절대적인 힘을 가진 왕이 되었다. 루이 14세는 예술적 재능이 무척 뛰어났다. 특히 춤을 무척 좋아해서 베르사유 궁전에서 자주 화려한 발레 공연을 펼치고 화려한 무도회를 열곤 했다. 루이 14세는 이때마다 태양을 화려하게 수놓은 옷을 입고 직접 귀족과 왕족들 앞에서 춤을 추었다고 한다. 그 모습을 본 사람들이 루이 14세를 태양왕이라고 부르기 시작했다.

히틀러

독일 총통. 1889~1945

히틀러는 제2차 세계 대전을 일으킨 독일의 **총통**이었어요. 제1차 세계 대전에서 패한 뒤 독일은 주변 나라의 보복으로 극심한 가난과 실업으로 큰 고통을 받았어요. 전쟁을 일으킨 나라라는 꼬리표 때문에 국제 사회에서 목소리를 낼 수도 없었고, 경제도 엉망이었지요.

이 무렵 '국가 사회주의 독일 노동당'은 1920년, 이름을 '나치스'로 바꾸었는데 이 당의 당원이었던 히틀러는 세계에서 가장 우수한 민족인 독일인들이 왜 이토록 고통받아야 하는지에 대해 고민했지요. 히틀러는 독일 민족이 세상을 지배해야 한다고 믿고 있었거든요. 히틀러는 사람들 앞에 나서서 자신의 생각을 발표했어요.

"여러분, 우리보다 뛰어난 민족은 없습니다. 우리만이 세상을 지배할 권리가 있습니다! 다른 민족들은 모조리 없애야 합니다!"

연설에 뛰어난 소질을 가지고 있던 히틀러는 사람들의 마음을 움직였고, 그로 인해 나치스가 독일의 제1당이 되었어요. 덕분에 히틀러는 독일의 총통이 되었지요. 총통이 된 히틀러는 엄청난 권력을 이용해서 제2차 세계 대전을 일으켰어요.

"유대인들은 모조리 잡아 가둬야 해! 유대인들은 이 세상에서 사라져야 하는 민족이야!"

히틀러는 막강한 경제력을 지니고 있는 유대인과 슬라브족을 **증오**하게 됐어요. 사람들에게는 예수를 죽인 민족인 유대인이 떵떵거리며 잘 사는 것을 두고 볼 수 없다고 말했지만, 사실은 세

총통 總統
총괄하여 다스리는 관직으로, 나치스 독일의 최고 관직.

總 다, 합할 **총**
統 거느릴 **통**

증오 憎惡
몹시 미워함.

憎 미울 **증**
惡 미워할 **오**

계 어느 나라에서건 막강한 권력과 경제력을 쥐고 있는 유대인들이 미웠던 거예요. 결국 정권을 잡은 히틀러는 유대인들을 아우슈비츠 수용소에 가두고 독가스 실을 만들어 수백만 명의 유대인과 폴란드인을 살해하는 만행을 저지르기까지 하였지요.

폴란드와 프랑스까지 정복한 히틀러의 세력은 날이 갈수록 커졌어요. 마치 독일이 세상을 다 집어삼킬 것만 같았지요. 그러나 막강한 자본력과 군사력을 가진 미국이 전쟁에 끼어들면서 판세가 바뀌었어요. 승승장구하던 독일은 크게 패했고, 제2차 세계 대전은 미국과 연합군의 승리로 끝이 났지요.

히틀러와 제2차 세계 대전은 잘못된 생각을 갖고 있는 지도자가 사람들을 선동하면 얼마나 끔찍한 일이 벌어지는지를 보여 주는 사례라고 할 수 있어요.

만행 蠻行
야만스러운 행동.
蠻 오랑캐 **만**
行 다닐 **행**

선동 煽動
다른 사람을 부추겨 어떤 일이나 행동에 나서게 함.
煽 부채질할 **선**
動 움직일 **동**

나치스란 무엇일까?

'나치스'의 원래 이름은 '국가 사회주의 독일 노동당'이었는데, 1920년, 나치스로 이름을 바꾸었다. 나치스의 당원들은 대부분 독일의 중간층과 실업자들이었다. 나치스는 당의 이름이고, 당원 한 사람, 한 사람을 '나치'라고 한다. 히틀러가 총통이 된 후 나치스는 독재 권력으로 바뀌었다. 히틀러는 나치스가 아닌 모든 정당을 해산시켰고, 유대인들을 탄압했다.

보카사 1세
중앙아프리카 공화국 제2대 대통령. 1921~1996

중앙아프리카 공화국의 군인이었던 보카사는 쿠데타를 일으켜 대통령이 되어 절대 권력을 휘두르다가 아예 종신 대통령이 되었어요. 하지만 욕심이 넘쳐 스스로 황제가 되기로 결심했지요. 보카사는 평소 프랑스의 장군이었다가 황제가 된 나폴레옹을 몹시 부러워하고 흠모했거든요. 보카사는 대통령이 된 지 10년 만에 국호를 '중앙아프리카 제국'으로 바꾸고 자신을 황제라고 부르도록 명령했어요. 이때부터 보카사 1세가 된 것이지요.

보카사는 중앙아프리카 공화국의 경제 상황이 좋지 않음에도 불구하고 지나치게 호화로운 황제 즉위식을 열었어요. 즉위식 날 쓴 돈이 중앙아프리카 공화국 1년 예산의 절반인 2억 달러가 넘었다고 하니 얼마나 사치스러운 즉위식이었는지 상상이 갈 거예요. 그로 인해 중앙아프리카 공화국의 제정 상태는 더욱 나빠지고 말았지요.

"내가 곧 국가이고, 국가의 모든 것은 곧 나의 것이나 마찬가지이다."

보카사는 다이아몬드로 꾸민 왕관을 쓰고, 2톤 이상의 황금으로 된 거대한 의자에 앉아 나폴레옹 흉내를 내었어요. 또한 국민들을 사업에 이용하고, 그렇게 해서 번 돈을 모두 자신이 가로챘지요.

보카사는 초등학교에 입학하는 학생들에게 강제로 국가가 지정한 교복을 사 입도록 했어요. 보카사의 얼굴이 새겨져 있는 이

쿠데타 coup d'Etat
(프)무력으로 정권을 빼앗는 일.

흠모 欽慕
기쁜 마음으로 공경하며 사모함.
欽 공경할 **흠**
慕 그릴 **모**

교복은 보카사의 부인이 운영하는 공장에서 만드는 것으로, 가격이 너무 비싸서 함부로 사 입을 수 없을 정도였지요. 그러자 이에 반발한 학생들이 거리로 나와 시위를 벌였어요. 이때 보카사는 거리로 나온 아이들을 향해 총을 마구 쏘았어요. 이 일로 무려 100명이 넘는 학생들이 죽음을 맞았지요.

결국 보카사의 사치와 폭정에 시달리던 국민들의 분노가 폭발했어요. 중앙아프리카 공화국 국민들은 1979년 프랑스 낙하산 부대의 도움을 받아 보카사를 황위에서 끌어내리고 나라를 1966년 쿠데타 이전 상태로 돌려놓았지요. 그 후 보카사는 프랑스로 망명했다가 체포되어 사형을 선고받지만 1996년 죄를 사면 받고 풀려났어요.

나폴레옹을 흠모해서 중앙아프리카 공화국에 새로운 왕조를 세우려 했던 보카사는 결국 제1대로 황제 자리를 내놓아야 했고, 세계 정치 역사상 유별난 독재와 기행을 저지른 사람으로 기억되고 있어요.

사면 赦免
죄를 용서해 놓아 주거나 줄여 줌.

赦 용서할 사
免 면할 면

수하르토

인도네시아 제2~7대 대통령. 1921~2008

무함마드 수하르토는 무려 32년 동안이나 인도네시아의 대통령을 지낸 독재자예요. 1965년 공산주의자들이 쿠데타를 일으키자 무력으로 진압한 뒤 독립 이후 인도네시아 정부를 이끌어 왔던 수카르노 대통령으로부터 정권을 넘겨받아 1968년 인도네시아의 제2대 대통령이 되었어요.

당시 인도네시아는 민주주의가 채 완성되지 못한 상태였기 때문에 대통령이 제멋대로 권력을 휘두르고, 나랏일을 좌지우지할 수 있었어요. 수하르토는 대통령이 되어 나라를 다스리는 동안 350억 달러라는 어마어마한 돈을 몰래 빼돌려 자신의 주머니에 넣었어요. '국제 투명성 기구'에서 20세기 가장 부패한 정치인으로 수하르토를 꼽을 정도이지요. 또, 수하르토는 인도네시아의 민주주의를 지지하는 지식인과 학생들을 폭력으로 무참히 짓밟았어요. 그럼에도 불구하고 사람들이 수하르토 대통령을 받아들였던 것은 인도네시아의 경제 사정 때문이었어요.

인도네시아의 첫 번째 대통령이었던 수카르노는 중국이나 소련 등 공산주의 국가와 가깝게 지냈어요. 그러자 미국이나 유럽 등 자유주의 나라에서는 인도네시아와 무역을 하지 않으려 했지요. 공산주의가 몰락하자 가난한 나라였던 인도네시아의 경제는 더욱 힘들어질 수밖에 없었어요.

"여러분, 제가 이 나라를 부자로 만들겠습니다!"

수하르토는 국민들에게 부자 나라를 만들겠다고 약속했어요.

무력 武力
때리거나 부수는 따위의 육체를 사용한 힘. 또는 군사상의 힘.

武 호반 **무**
力 힘 **력(역)**

경제적으로 안정된 나라를 만들겠다는 말에 국민들은 수하르토의 정책을 지지해 주었던 거예요. 하지만 대통령이 된 후 수하르토는 경제를 위한 정책이라는 이유로 사람들을 통제하고 억압하기 시작했어요. 군대를 마음대로 움직일 수 있었던 수하르토는 자신을 반대하는 사람들을 탄압하기도 했지요.

인도네시아의 정치인들은 미국 등 자유 경제주의 국가에 이 사실을 알리려고 했어요. 그러나 대부분의 나라에서는 수하르토가 자유주의 경제를 지지하고 있으니 이 사실을 알면서도 모르는 척했어요. 수하르토는 이후 다섯 번이나 더 대통령에 뽑혔고, 32년이라는 긴 시간 동안 인도네시아를 독재했어요.

인도네시아의 학생과 지식인들은 수하르토의 장기 집권에 반대하며 시위를 벌이기 시작했어요. 수하르토는 군대를 동원해 무력으로 그들을 탄압했지만 자유를 원하는 국민들의 염원은 군대의 총칼도 이겨 냈어요. 1998년 인도네시아의 국민들은 모두 힘을 합쳐 반정부 시위를 벌였고, 결국 수하르토는 대통령 자리에서 물러났어요.

통제 統制
일정한 방침이나 목적에 따라 행위를 제한하거나 제약함.
統 거느릴 **통**
制 절제할, 억제할 **제**

집권 執權
권세나 정권을 잡음.
執 잡을 **집**
權 권세 **권**

이디 아민

아프리카 우간다 제3~4대 대통령. 1925 ?~2003

이디 아민은 아프리카에서 수십만 명을 학살한 독재자예요. 사람들은 이디 아민을 '검은 히틀러'라고 비꼬아 말하곤 하지요.

이디 아민은 우간다의 군인이었어요. 1971년 당시 대통령이던 밀턴 오보테가 영국 연방 수뇌 회의 참석차 자리를 비운 사이 쿠데타를 일으켜 정권을 장악했지요.

우간다는 여러 부족으로 이루어진 국가로 서로 다른 부족끼리 화합을 이루지 못해 늘 다툼이 잦았어요. 이디 아민이 집권하자 그는 이전 정부를 지지했던 부족들을 제거하기 시작했어요.

"소식 들었나? 우간다에서 하루에 수천 명씩 살해되어 호수의 악어 밥으로 던져지고 있대!"

"이디 아민이 히틀러를 동경해서 그의 동상을 도시 한복판에 세웠다는군."

1972년 이디 아민은 우간다의 자립 경제를 이룩해야 한다며, 우간다에 머물고 있던 5만여 명이나 되는 아시아인들을 전부 국외로 추방시켰어요. 아시아인들은 자신들이 소유하고 있던 모든 것을 그대로 놔두고 맨몸으로 쫓겨나야 했어요. 우간다를 떠나지 못한 아시아인들은 이디 아민의 군대에 짓밟히고 살해되었지요. 이디 아민은 아시아인에 이어 우간다에 살고 있는 영국인의 재산을 전부 빼앗겠다고 선포했어요.

이렇게 빼앗은 재산은 이디 아민의 추종자들에게 분배되었어

학살 虐殺
가혹하게 마구 죽임.
虐 모질 **학**
殺 죽일 **살**

추방 追放
일정한 지역이나 조직 밖으로 쫓아냄.
追 쫓을, 따를 **추**
放 놓을 **방**

추종자 追從者
권력자나 학설 따위를 별 판단 없이 믿고 따름.
追 쫓을, 따를 **추**
從 좇을 **종**
者 놈 **자**

요. 이디 아민은 그들이 어떤 비리를 저지르더라도 처벌하지 않았고 나라는 점점 황폐해져 갔어요. 추방당한 사람들과 우간다의 지식인들은 외국으로 망명해 이디 아민을 몰아낼 계획을 세웠어요.

이디 아민은 군인들의 불만과 욕구를 해외로 돌리기 위해 탄자니아를 공격하기 시작했어요. 하지만 오히려 이디 아민을 반대하는 단체들과 탄자니아 군대의 연합 공격을 받아 리비아로 도망갈 수밖에 없었지요. 1978년 리비아로 도망친 이디 아민은 1979년 다시 사우디아라비아로 망명했고 2003년 78세의 나이로 죽음을 맞이했지요.

망명 亡命
자기 나라에서 탄압을 받고 있거나 받을 위험이 있는 사람이 외국으로 몸을 피함.
亡 망할, 달아날 망
命 목숨 명

폴포트
캄보디아 서기장. 1928~1998

캄보디아는 1970년대에 이르러서야 미국의 지원을 받은 자본주의 정부가 세워졌어요. 이전까지만 하더라도 캄보디아를 다스리던 것은 공산당이었지요. 자본주의 정부가 세워지자 공산당은 산악 지대로 숨어들어 전투를 계속했어요.

당시 미국은 베트남 공산군과 전쟁 중이었어요. 캄보디아에서 베트남 공산군을 돕고 있다고 생각한 미국은 캄보디아를 위한 지원을 멈춰 버렸지요. 그 바람에 캄보디아의 경제가 휘청거리게 되었어요.

이러한 틈을 타서 폴포트가 이끄는 급진 좌파 공산당인 크메르루주가 자유주의 정부를 장악해 버렸어요. 이후 폴포트는 4년 동안 캄보디아를 지배했지요. 이 시간은 캄보디아 사람들에게는 악몽과도 같은 괴로운 시간이었어요.

캄보디아를 장악한 크메르루주 공산당은 사람들을 거리로 내쫓고 도시를 불태우기 시작했어요.

"갑자기 도시를 왜 파괴하는 거예요?"

"도시 사람들은 모조리 자본주의를 지지하고 미국을 따르는 사람들이야! 그들이 사는 곳을 없애 버려야만 해!"

사람들이 반항하자 군인들은 총을 쏘며 공격했어요. 사람들은 꼼짝없이 폴포트와 공산주의자들이 하는 대로 따를 수밖에 없었지요.

폴포트는 완벽한 공산주의를 실현하기 위해 화폐의 사용을

지원 支援
지지하여 도움.
支 지탱할 지
援 도울 원

악몽 惡夢
무섭거나 불길한 꿈.
惡 악할 악
夢 꿈 몽

금지하고, 사람들을 모두 집단 농장에서 살도록 만들었어요. 개인의 사유 재산은 모두 국가로 몰수했고 학교는 공립 학교 한 군데만 다닐 수 있게 했어요. 공부를 많이 한 학자, 의사, 교사 같은 직업을 가진 사람들은 글을 읽고 쓸 수 있다는 이유만으로 처형하기도 했어요.

"우리가 왜 억울하게 죽임을 당해야 하는 겁니까?"

"너희 지식인들이 자본주의를 받아들이려 했기 때문이지!"

이때 무려 200만 명에 가까운 사람들이 억울하게 희생당했어요. 4년 후인 1979년, 폴포트가 이끌었던 크메르루주군은 베트남군의 침공으로 정권을 잃고 국경 밀림 지대로 달아났다가 체포되었어요. 폴포트는 국제 전범 재판소에서 재판을 받게 되었는데, 재판을 시작하기도 전에 이미 사망해 버리고 말았답니다.

후세인
이라크 제5대 대통령. 1937~2006

중동 지역은 오랫동안 '세계의 화약고'라 불려 왔어요. 다양한 민족과 종교가 섞여 있고 엄청난 양의 석유가 매장되어 있는 지역이다 보니 이곳을 차지하기 위한 싸움이 끊이지 않았던 거예요. 특히 사담 후세인이 이라크의 대통령이 된 후부터 전쟁이 끊이질 않았어요.

후세인은 1979년 이라크의 대통령이 되었어요. 2003년까지 20여 년 동안 군사 독재를 이어 온 독재자예요. 그러나 이라크 사람들은 후세인을 믿고 따랐어요. 후세인이 이라크를 미국과 맞먹을 만큼 강한 나라로 만들었다고 믿었기 때문이에요.

이라크는 여러 민족이 섞여 살아온 나라로 민족 갈등이 심했어요. 그로 인해 분란이 끊이질 않았고, 경제 발전도 제대로 이루어지지 못했지요. 그러나 후세인 집권 후 국가가 직접 석유 회사를 운영하면서부터 강력한 군사 시설을 갖춘 강대국이 되었어요.

후세인은 석유를 팔아 번 돈으로 무기를 사들이고, 군인들을 막강하게 키워 냈어요. 덕분에 이라크는 아랍에서 가장 강력한 군사력을 가진 나라가 되었지요. 후세인은 막강한 군사력을 바탕으로 1980년에 이란과 전쟁을 일으켰어요. 전쟁은 무려 8년이나 계속되었지만 이 전쟁에서 승리한 사람은 아무도 없었지요. 무려 100만 명이 넘는 사람이 다치거나 죽었고, 막대한 금액의 손해를 보아야 했을 뿐이에요. 그래도 후세인은 전쟁을 멈추려 하지 않았어요. 1990년에는 쿠웨이트를 침공하기까지 했지요.

화약고 火藥庫
화약을 저장해 두는 창고. 분쟁이나 전쟁이 일어날 위험이 많은 지역을 비유하는 말.
火 불화
藥 약약
庫 곳집고

침공 侵攻
다른 나라를 침범하여 공격함.
侵 침노할 침
攻 칠공

"쿠웨이트가 갑자기 석유를 너무 많이 생산하니 가격이 떨어지잖소!"

"고작 그런 이유로 전쟁을 일으키다니, 너무하는군!"

미국은 이라크가 쿠웨이트를 먼저 공격한 것은 세계 질서를 어지럽히는 행동이라며 맹렬히 비난했어요. 하지만 후세인은 전쟁을 멈추려 하지 않았지요. 결국 유엔과 함께 다국적 군대를 만든 미국은 여러 차례 걸프만(페르시아만)을 공격했어요. 전쟁에서 패한 이라크는 유엔으로부터 여러 가지 제재를 받게 되었지요. 1991년 이라크와 유엔군 사이에서 일어난 이 전쟁을 '걸프전'이라고 해요. 우리나라도 이 전쟁에 참여했지요.

전쟁이 끝난 후에도 후세인은 계속해서 핵 시설과 화학 무기를 만들고 미국에 반대하는 정책을 폈어요. 그러자 결국 미국은 후세인을 제거하기 위해 2003년 이라크가 가진 화학 무기를 제거한다는 명목으로 영국, 오스트레일리아 등과 함께 이라크를 공격했어요. 이 전쟁은 한 달 넘게 이어졌고, 전쟁에서 패한 후세인은 도망쳐 숨어 다니다가 결국 그해 12월 외딴 농가에서 생포되었어요. 그리고 2006년 12월 무슬림 학살에 대한 죄목으로 바그다드에서 사형되었지요.

생포 生捕
산 채로 잡음.

生 살 생
捕 잡을 포

2장
왕과 나라를 배신한 신하

빛나는 업적을 이루어 낸 통치자 곁에는 통치자를 도와 함께 업적을 이루어 낸 현명한 신하들이 있어요. 신하들의 올바른 말과 정보는 통치자가 올바른 결정을 내릴 수 있도록 만들어 주기 때문이에요. 그러나 반대로, 나라를 망친 통치자 뒤에는 자신의 권력만을 위해 통치자의 눈과 귀를 멀게 한 간신들이 있어요. 나라를 어렵게 만들었던 신하들은 어떤 사람들일까요?

동탁

중국 후한 말. 139~192

우리가 잘 알고 있는 『삼국지』는 중국 진나라의 학자 진수가 지은 역사책이에요. 한나라 말기부터 한나라가 망한 후 '위', '촉', '오'라는 세 나라가 만들어지는 과정을 담았지요. 한나라는 진나라에 이어 두 번째로 중국에 통일 국가를 세운 나라였어요.

당시 조정은 '십상시'라 불리는 열 명의 환관과 외척들이 서로 권력을 잡으려고 싸움을 벌이고 있었지요. 부패한 환관과 외척들로 인해 생활이 힘들어진 백성들은 결국 견디다 못해 전국에서 반란을 일으켰어요. 누런 두건을 두르고 다닌다고 해서 '황건적'이라 불렀지요. 그리고 그들이 일으킨 난이라는 의미로 '황건적의 난'이라고 해요.

이때까지만 해도 변방의 장수였던 동탁은 군사를 이끌고 황건적을 제압하는 데 큰 공을 세웠어요. 덕분에 높은 벼슬을 얻어 조정으로 진출하게 되었지만 누구의 편도 들지 않았어요. 그저 조용히 군사들을 키우는 데만 열중했지요.

그러던 189년, 영제가 죽고 장남인 소제가 어린 나이에 황제에 오르게 되었어요. 대장군은 환관들을 모조리 죽이려 했어요. 그래야 나라가 조용해질 거라고 믿었던 거예요. 그런데 이 사실을 알게 된 환관들은 오히려 대장군을 죽이고 소제와 소제의 동생인 진류왕을 납치했어요. 이때 동탁이 군대를 이끌고 가 소제를 구했지요.

"나는 황제의 목숨을 구한 은인이야. 누구도 나를 함부로 대

십상시 十常侍
중국 후한 말 영제(156~189) 때 권력을 잡고 조정을 장악했던 10명의 환관을 일컫는 말.

十 열 **십**
常 항상, 영원할 **상**
侍 모실, 시중들 **시**

변방 邊方
나라의 국경 지역 땅.

邊 가 **변**
方 방위 **방**

하지 못한다고."

이 일로 인해 권력을 손에 쥔 동탁은 소제를 폐위시키고 제멋대로 진류왕을 새로운 황제로 내세웠어요. 그가 바로 후한 최후의 황제인 헌제예요. 더 큰 권력을 손에 쥔 동탁은 황제가 타는 수레를 타고 다녔고 환관과 외척 등 자신의 권력에 방해가 되는 사람들을 모두 죽여 버렸어요. 또한 새로운 동전을 만들어 혼란을 주었지요. 동탁의 군대 역시 주변 마을을 돌아다니며 재물을 빼앗는 등 온갖 횡포를 부렸어요.

동탁의 횡포에 지칠 대로 지친 헌제와 신하들은 동탁을 없앨 계획을 세웠어요. 이 계획에 앞장섰던 사람이 바로 동탁의 양아들이자 장수인 여포였어요. 헌제는 미앙전으로 동탁을 초대해서 화려한 연회를 열었어요. 동탁은 아무런 의심 없이 미앙전을 찾았다가 그 자리에서 죽임을 당하고 말았지요. 동탁의 공포 정치와 사리사욕으로 인해 한나라의 멸망은 더욱 앞당겨졌다고 해요.

사리사욕 *私利私慾*
개인적인 이익과 욕심.
私 사사 **사**
利 이로울 **리(이)**
私 사사 **사**
慾 욕심 **욕**

『초한지』는 무엇이고 『삼국지』는 무엇일까?

『초한지』는 진나라 말기 초나라 항우와 한나라 유방이 대결하며 유방이 한나라를 통일하는 과정을 그린 역사책이다. 『삼국지』는 오랜 세월이 흐른 후 유방이 세운 한나라가 멸망하고 여러 명의 영웅들에 의하여 '위나라', '촉나라', '오나라'가 세워지는 과정을 다룬 역사책이다. 우리가 잘 알고 있는 조조는 위나라를 세운 장수이고 유비와 관우, 장비는 촉나라를 세웠다. 오나라는 손권이 세운 나라이다.

예식진
백제 말. 615~672

계백 장군은 신라군이 쳐들어오자 자기 가족들을 죽이고, 다시 돌아오지 않을 각오로 황산벌 전투에 나갔어요. 백제에는 그런 **충신**이 있는가 하면 자신과 가족들을 먼저 살리기 위해 당나라 황제에게 충성을 바친 예식진 같은 **역신**도 있답니다.

660년 당나라와 신라의 공격으로 사비성이 위험에 빠지자 의자왕은 사비성을 떠나 웅진성으로 피란을 갔어요. 웅진성의 방령(지방 행정 조직인 '방'의 행정 및 군사 최고 책임자)이었던 예식진이 의자왕을 맞았지요.

"부디 최선을 다해 싸워 주시게나."

의자왕은 예식진에게 당나라 군대에 맞서 용감히 싸워 달라고 부탁했어요. 하지만 예식진은 싸울 생각이 없었지요. 이미 전세가 신라와 당나라의 **연합군** 쪽으로 기울었으니 항복을 하는 편이 낫겠다고 생각한 거예요.

'그럴싸한 재물을 바쳐야 해. 그러면 공을 인정받고 벼슬도 얻을 수 있을 거야.'

예식진은 웅진성으로 피란을 온 의자왕을 당나라에 바치기로 마음먹었어요. 그러면 당나라에서 크게 **보상**해 줄 거라고 생각했던 거예요.

"이제 당신은 더 이상 백제의 왕이 아니오!"

예식진은 의자왕을 당나라 원수 소정방에게 바쳤어요. 의자왕은 당나라의 포로가 되고 말았지요. 이 일로 왕을 잃은 백제

충신 忠臣
나라와 임금을 위해 충성을 다하는 신하.
忠 충성 **충**
臣 신하 **신**

역신 逆臣
임금을 반역한 신하.
逆 거스를 **역**
臣 신하 **신**

연합군 聯合軍
전쟁할 때 둘 혹은 둘 이상의 국가가 연합해 구성한 군대.
聯 연이을 **연(련)**
合 합할 **합**
軍 군사 **군**

보상 報償
어떤 것에 대한 대가로 갚음.
報 갚을 **보**
償 갚을 **상**

군은 뿔뿔이 흩어졌고, 결국 백제는 나·당 연합군 전투에서 패해 멸망하고 말았어요. 반대로 예식진과 그 가족들은 당나라로 건너가 황제로부터 높은 관직을 얻었지요.

사실 『삼국사기』 등 우리나라의 역사 속에는 예식진에 대한 기록이 자세히 남아 있지 않아요. 그리고 사람들은 백제의 멸망이 방탕한 의자왕 탓이라고만 생각했지요. 그러나 2006년 예식진의 묘지석이 중국에서 발견되었어요. 때마침 의자왕에 대한 또 다른 연구가 이루어지고 있던 차였지요. 일부 역사학자들은 백제가 멸망할 수밖에 없었던 이유 가운데 일부가 예식진의 배신 때문이었을 거라고 생각하기도 해요.

연남생

고구려 말. 634~679

연남생은 아홉 살의 어린 나이부터 벼슬을 할 정도로 대단한 권력을 지니고 있었어요. 이 모든 것은 연개소문 덕분이었지요. 연개소문은 왕보다도 더 큰 권력을 쥔 대막리지였어요. 연개소문의 큰아들인 연남생은 그런 아버지의 힘으로 관직을 받아 20대에 막리지까지 올랐지요.

그런데 661년, 당나라 군사들이 100만 대군을 이끌고 고구려를 공격했어요. 당시 당나라는 신라와 손을 잡고 백제를 멸망시킨 뒤 호시탐탐 고구려를 넘보던 중이었지요. 이때 막리지였던 연남생은 당나라와의 전투에 나갔다가 패하고 말았어요. 다음 해에 다시 당나라가 쳐들어왔을 때 연개소문이 직접 전투에 나가 승리할 수 있었지요. 그러다 665년 연개소문이 죽자 대막리지 자리에 올랐지만 연남생의 자리는 위태로웠어요.

"연남생이 한 일이 뭐가 있다고 대막리지야?"

"맞아. 그저 연개소문의 아들로 태어났을 뿐 능력도 없잖아."

특히 지방의 백성들이 연남생을 달가워하지 않았어요. 연남생은 백성들을 직접 만나서 자신의 입지를 세워야겠다고 마음먹었지요. 연남생은 동생 연남건과 연남선에게 자리를 맡기고 도성을 비웠어요.

연남생을 반대하던 무리들이 이 기회를 놓칠 리 없었지요. 그들은 두 동생에게 연남생이 두 동생들을 의심하여 죽일 것이라는 거짓말로 연남생을 모함했어요. 또 연남생에게는 두 동생이

덕분 德分
다른 사람에게 은혜나 도움을 베푸는 일.
德 큰, 덕 **덕**
分 나눌 **분**

대막리지 大莫離支
고구려 후기의 으뜸 벼슬. 막리지를 한 등급 더 높여서 부른 이름.
大 클 **대**
莫 없을 **막**
離 떠날 **리(이)**
支 지탱할 **지**

입지 立地
인간이 경제 활동을 하기 위해 선택하는 장소.
立 설 **입(립)**
地 땅 **지**

자신을 죽이고 자리를 빼앗을 것이라는 거짓말로 두 동생을 모함했지요. 처음에는 믿지 않았던 두 동생과 연남생은 점차 그 말에 흔들리게 되었어요.

먼저 연남건과 연남선은 왕명을 핑계로 연남생을 평양성으로 돌아오라고 했어요. 하지만 두 동생이 권력을 차지했다고 여긴 연남생은 그 말을 듣지 않았지요. 그러자 연남건은 스스로 막리지 자리에 올라 연남생에게 군사를 보냈어요. 국내성으로 피한 연남생은 당나라에 도움을 요청하기로 마음먹었어요. 하지만 당나라에서 부탁을 선뜻 들어주지 않자 마음이 다급해진 연남생은 자신의 부대를 이끌고 당나라에 투항해 버리고 말았지요.

연남생은 당나라 군대의 앞잡이가 되어 고구려를 공격하기 시작했어요. 당나라와 신라의 공격을 받고 위태로워진 고구려는 668년, 결국 무너지고 말았지요. 연남생은 고구려를 멸망시킨 대가로 당나라에서 대장군이란 직위와 넓은 땅을 받았답니다.

투항 投降
적에게 항복함.
投 던질 **투**
降 항복할 **항**

채경

중국 송나라 말. 1047~1126

북송 말기의 뛰어난 서예가이자 정치가인 채경은 왕이 제멋대로 사치하도록 부추겨 나라를 망하게 만든 간신이에요. 그리고 조정이 돌아가는 판을 가만히 지켜보다가 박쥐처럼 이 편에 달라붙기도 하고, 저 편에 달라붙기도 했지요. 개혁파(신법파)가 힘을 얻을 때는 개혁파를 지지하고, 보수파(구법파)가 득세할 때는 보수파를 지지했던 거예요.

채경은 워낙 자신의 속마음을 드러내지 않는데다가, 사람들을 잘 속였어요. 그래서 처음에는 채경이 어떤 인물인지 잘 알지 못했지요.

"가만, 저 사람은 개혁파를 몰아내자고 했던 사람 아닌가?"

"아니, 저 사람은 보수파가 정권을 잃자 개혁파에 힘을 몰아줘야 한다고 탄원을 냈던 사람이군!"

개혁파와 보수파가 엎치락뒤치락 하는 사이 채경은 이 편에 달라붙었다가, 저 편에 달라붙었다가 하며 자신의 권력을 유지했어요. 이 사실을 눈치챈 사람들은 채경을 간신이라고 손가락질했지요. 결국 채경은 조정에 발붙일 곳이 없게 되었어요.

그러던 중 송나라의 황제가 휘종으로 바뀌었어요. 휘종은 환관인 동관을 마치 아버지처럼 믿고 따랐지요.

"동관, 이 나라의 재상으로 누가 가장 적당한 듯하오?"

"제 생각에는 채경이 재상감으로 가장 어울리는 사람입니다."

"그렇다면 채경을 재상으로 임명하도록 하시오."

개혁파 改革派
제도나 기구 따위를 새롭게 뜯어고치려는 무리.
改 고칠 개
革 고칠 혁
派 갈래 파

보수파 保守派
새로운 것이나 변화를 적극적으로 받아들이기보다 전통적인 것을 유지하려는 무리.
保 지킬 보
守 지킬 수
派 갈래 파

조정 朝廷
임금이 신하들과 나라의 정치를 의논하고 집행하는 곳. 또는 그런 기구.
朝 아침 조
廷 조정 정

채경은 동관 덕분에 52세에 재상의 자리에 오른 뒤 무려 16년 동안이나 재상의 자리를 지켰어요.

동관과 채경은 휘종이 나랏일에 관심을 두지 않고 오로지 술과 사치에 빠져 살도록 부추겼어요. 채경은 휘종에게 그림이나 조각 등 다양한 종류의 예술품을 수집하도록 부추겼고, 여러 가지 건축물을 만들도록 했어요. 심지어 백성들을 동원해 산을 만들어 다른 지방에 있는 바위를 옮겨 놓으라고까지 했지요. 이러한 일 때문에 백성들은 농사를 지을 시간에 끌려 나와 황제가 시킨 힘든 일을 해야만 했어요. 뿐만 아니라, 바닥 난 국고를 채우느라 세금도 더 많이 내야 했지요.

"더 이상은 못 참겠다! 황제를 바꾸자!"

결국 불만이 폭발한 백성들은 민란을 일으켰고 휘종이 황제로 있던 북송은 무너지고 말았지요.

이자겸

고려 중기. ?~1126

세계 역사를 살펴보면 왕보다 더 큰 권력에 욕심을 낸 신하가 나라를 위험에 빠뜨린 경우를 볼 수 있어요. 왕을 허수아비로 만들고 왕보다 더 큰 권력을 휘두르다가 나라를 위험에 빠뜨린 것이지요.

고려 시대에도 이런 신하가 있었어요. 바로 외손자인 왕을 죽이고 자신이 왕이 되려고 했던 '이자겸'이라는 사람이에요. 이자겸은 자신의 둘째 딸을 고려 제16대 왕인 예종에게 시집보냈어요. 그 후 예종이 죽고 외손자인 인종이 14세의 어린 나이로 왕위에 오르자 큰 권력을 쥐게 되었지요.

"더 큰 권력을 쥐려면 어떡해야 하지? 그래! 이번에도 왕의 장인이 되면 되겠지."

이자겸은 더 큰 권력을 손에 쥐기 위해 손자인 인종에게 자신의 셋째 딸과 넷째 딸마저 시집보냈어요. 인종은 이모들과 혼인을 한 셈이지요. 예종과 인종, 두 명의 왕에게 연달아 세 딸을 시집보낸 이자겸은 마치 자신이 왕인 양 **거만**하게 행동했어요. 인종은 자신이 왕이면서도 외할아버지이자 장인인 이자겸이 자신보다 더 큰 권력을 쥐자 점점 부담스럽고 두려워 멀리하기 시작했어요.

이자겸은 남의 토지를 빼앗고 백성들의 수레와 말을 빼앗아 자기 물건을 실어 날랐어요. 툭하면 백성들의 것을 빼앗고, 자기 멋대로 행동했지요. 더 이상 참을 수 없었던 인종은 이자겸을 제

거만 倨慢
잘난 체하며 남을 업신여기는 태도.
倨 거만할 **거**
慢 거만할 **만**

거하기로 했어요.

하지만 인종이 자신을 죽이려 한다는 것을 알아챈 이자겸은 이 기회에 자신이 왕이 되고자 사돈이자 무인인 척준경과 힘을 합쳐 반란을 일으켰어요. 이것이 바로 '이자겸의 난'이에요.

반란군은 궁궐로 들어가 건물들을 불태우고 인종을 잡아들였어요. 이자겸을 제거하려 했던 인종은 오히려 이자겸의 집에 감금당하고 말았지요. 이자겸은 더 이상 두려울 것이 없었어요. 이씨가 왕이 될 거라는 '십팔자 위왕설'을 퍼트리는 것도 모자라 떡에 독약을 넣어 인종을 죽이려고까지 했지요. 그러나 이자겸의 넷째 딸이었던 인종 비의 도움으로 인종은 큰 화를 피할 수 있었어요.

인종은 이자겸의 손아귀에서 벗어나기 위해 척준경을 계속 회유했어요. 고려에 충성하려면 이자겸을 제압하라는 것이었지요. 원래 나라에 대한 충성심이 깊었던 척준경은 마침 이자겸과 사이가 나빠졌던 때라 결국 인종의 편에 서서 이자겸을 제압했어요.

결국 권력 욕심에 손자에게 딸들을 시집보냈던 이자겸은 영광 법성포로 유배를 간 뒤 그곳에서 병들어 죽었어요. 그리고 그의 딸이자 왕비들은 모두 폐비되었지요. 이로써 왕보다 더 큰 권력을 누리고자 욕심을 부렸던 이자겸의 세상은 끝나고 말았어요.

감금 監禁
드나들지 못하게 몸을 일정한 곳에 가두어 구속함.
監 볼 감
禁 금할 금

십팔자 위왕설
十八子爲王說
十, 八, 子를 합치면 李가 되는 것을 이용해, 이씨 성을 가진 사람이 왕이 된다는 설.
十 열 십
八 여덟 팔
子 아들 자
爲 할 위
王 임금 왕
說 말씀 설

제압 制壓
위력이나 위엄으로 남의 세력이나 기세 따위를 억눌러서 통제함.
制 억제할, 금할 제
壓 누를 압

홍대순 & 홍복원 & 홍다구 & 홍중희
고려 후기. 4대에 걸친 매국노 집안

개인의 이익을 위해 적의 앞잡이가 되어 조국을 배신하거나 적에게 도움을 준 사람들을 매국노라고 해요. 원나라가 고려에 쳐들어왔을 때 4대에 걸쳐 원나라의 앞잡이가 된 사람들이 있어요. 바로 홍씨 집안 사람들이 그들이지요.

홍대순은 평안도 의주 부근의 인주성 관리였어요. 몽골이 중국 본토를 차지하기 전이던 때에 몽골에 항복해서 고려의 주요 정보를 팔아넘겼지요.

"고려를 공격할 생각이시라면 저에게 길 안내를 맡겨 주십시오. 고려의 길이라면 속속들이 잘 알고 있습니다."

몽골에서 자리를 잡은 홍대순은 몽골군이 쳐들어올 때마다 몽골군에게 길을 안내하고 큰 공을 세웠어요.

이때까지만 하더라도 홍대순의 아들 홍복원은 가족과 함께 평안도에 살았어요. 그러나 1233년 중앙 정부에 불만이 많은 사람을 모아 반란을 일으키는 사건이 일어났고, 이 사건에 가담했던 홍복원은 진압군을 피해 가족들을 이끌고 몽골로 도망쳤어요.

"개도 자기 주인은 물지 않는 법이거늘 고려의 백성이 몽골의 앞잡이가 되어 고려를 공격하다니!"

"흥, 무슨 상관이야! 나만 잘 살면 되지!"

사람들의 비난에도 불구하고 홍대순과 홍복원은 몽골에 아첨하고, 고려의 정보를 팔았어요. 그 후 홍복원의 아들 홍다구

매국노 賣國奴
개인의 이익을 위해 나라의 주권이나 이권을 남의 나라에 팔아먹은 사람.
賣 팔 매
國 나라 국
奴 종 노

와 손자 홍중희도 원나라의 장수가 되어 할아버지와 아버지처럼 원나라에 충성을 맹세했어요.

"아들아, 손자야, 우리는 지금부터 고려 사람이 아니라 몽골 사람이 될 것이다!"

"네, 명심하겠습니다!"

"이제 우리가 살 길은 원나라에 충성하는 것뿐이라는 것을 기억하겠습니다!"

그 후 홍씨 집안 사람들은 조국인 고려를 버리고 대대로 원나라에 충성했고, 덕분에 높은 벼슬을 얻었다고 해요.

최탄

고려 후기. ?~?

고려 제24대 왕인 원종은 원나라의 도움으로 왕권을 지킬 수 있었던 왕이에요. 원종이 왕이 되자 한동안 왕위를 놓고 다툼이 끊이지 않았어요. 이렇게 나라가 어수선한 틈을 이용해 반란을 일으킨 사람이 있었어요. 오늘날의 평안도 지역에 해당하는 서북면의 관리 '최탄'이 바로 그 반역자였어요.

최탄은 마치 주변국들을 정복하는 장군처럼 군대를 이끌고 고을을 휩쓸고 지나갔어요. 반란군이 지나간 고을의 수령은 죽임을 당하기 일쑤였고, 백성들은 재산을 모두 빼앗기기까지 하였지요.

"부디 최탄을 잡아 주십시오!"

최탄의 횡포가 극심해지자 조정에서는 군대를 보내 그를 붙잡도록 했어요. 한편 이 소식을 들은 최탄은 부하들을 이끌고 원나라를 향해 달려갔지요.

"제가 정복한 고려 서북쪽의 60여 개 성을 모두 바치겠습니다. 제 목숨만은 살려 주십시오!"

"그렇다면 최탄이 바친 땅을 동녕부라 하고, 그곳을 원나라의 땅으로 선포하시오."

"예, 예, 여부가 있겠습니까! 대신 저를 동녕부 총관에 임명해 주십시오."

"그리하도록 하지."

원나라의 황제 세조는 최탄을 동녕부 총관에 임명하였어요.

횡포 橫暴
제멋대로 굴며 몹시 난폭함.
橫 가로 횡
暴 사나울 포

임명 任命
일정한 지위나 임무를 맡김.
任 맡길, 맡을 임
命 목숨 명

원종은 하루아침에 서북면 땅을 빼앗기고 말았지요. 원종은 여러 차례 원나라에 동녕부를 돌려달라고 부탁했어요. 하지만 원나라는 그 말에 꿈쩍도 하지 않았어요. 최탄이 원나라에 바쳤던 이 땅은 20여 년이 지난 다음에야 간신히 돌려받을 수 있었어요. 이후 최탄은 원나라에 땅까지 갖다 바친 고려의 대표적인 매국노로 꼽히지요.

기철
고려 후기. ?~1356

　원나라와 사돈 관계를 맺게 된 고려에서는 해마다 수백 명의 처녀들을 뽑아 원나라에 '공녀'로 바쳤어요. 고려의 제24대 왕 원종이 원나라의 황제 쿠빌라이에게 약속했기 때문이지요. 공녀로 뽑힌 여자들은 주로 궁궐의 궁녀나 귀족들의 시녀였어요.

　그런데 고려의 무신인 기자오는 자신의 막내딸을 원나라에 공녀로 보냈어요. 기자오의 딸은 고려인 환관의 추천으로 궁녀가 되었다가 순제의 후궁이 되었지요. 그리고 곧 태자를 낳은 덕분에 제2황후에 봉해지게 되었어요.

　"기씨가 원나라의 황후가 되었으니 고려에서도 당연히 높은 대접을 받아야겠지!"

　순제는 고려에 사람을 보내 기황후의 가족들을 잘 보살펴 달라고 부탁했어요. 덕분에 기황후의 아버지를 비롯해 오빠인 기철, 기식, 기주, 기원 등은 모두 높은 관직을 받게 되었지요.

　"에헴, 내 동생이 원나라의 황후이니 나는 고려의 왕보다 높은 사람이라 할 수 있지."

　당시에는 원나라 황제의 말 한마디면 고려의 왕이 바뀔 정도였어요. 기철은 원나라의 힘만 믿고 막강한 권력을 휘두르기 시작했어요. 기철의 가족은 커다란 집에서 사치스러운 생활을 하며 온갖 권력을 휘둘렀어요. 기철의 가족뿐 아니라 하인들까지 주인을 따라 행패를 부릴 정도였지요.

　하지만 원나라가 황위 다툼으로 인해 힘이 약해지자 고려에

공녀 貢女
옛날, 여자를 나라에 바치던 일. 또는 그 여자.
貢 바칠 **공**
女 여자 **녀(여)**

서 기철이 지니고 있던 힘도 자연스럽게 약해지고 말았어요.

"큰일이다, 원나라의 힘이 약해지고 있어!"

"이러다가 우리까지 위험해지는 거 아닌지 모르겠습니다."

"차라리 우리가 고려의 왕을 죽이고 왕이 되는 건 어떤가?"

기철은 이런 생각으로 반란을 일으키려 했어요. 하지만 이 사실을 미리 눈치챈 공민왕에 의해 반란은 물거품이 되었지요. 공민왕이 가짜 연회를 열어 기철과 그의 일당들을 모두 초대한 뒤 한 자리에 모이자 모조리 죽여 버린 거예요.

"감히 내 오라버니를 죽이고도 무사할 줄 아느냐!"

이 사실을 알게 된 기황후는 고려로 군사 1만 명을 보내 공민왕을 폐위시키려 했어요. 하지만 최영 장군의 군대에 패해 기황후의 뜻을 꺾을 수밖에 없었어요.

조이
고려 후기. ?~?

고려 후기의 왕들은 원나라 공주와 결혼을 하고 원나라의 사위국이 되었어요. 원나라에 충성한다는 의미로 왕의 묘호 앞에 '충'자를 붙였지요. 덕분에 고려는 원나라와 교류가 활발했어요. 고려 사람들 중에는 원나라로 유학 가서 관직을 얻는 사람도 여럿 있었지요. 조이도 그런 유학생 가운데 한 사람이었어요.

조이는 원래 승려였는데 시험을 쳐서 진사가 되었어요. 하지만 고려를 배신하고 몽골로 가서 여러 나라의 언어를 익혔어요. 몽골은 아직 쿠빌라이가 제5대 칸으로 있으면서 원나라를 세우기 전이었지요. 조이는 그곳에서 관직을 얻게 되었어요.

"니하오마? 안녕하세요, 곤니치와!"

"와, 한 번에 세 나라의 말을 하다니, 천재로군!"

조이는 여러 나라 말을 할 줄 알아서 몽골 사람들이 천재로 불렀다고 해요. 그런데 조이에게는 애국심이 없었어요. 자신의 이익을 위해서라면 고려를 곤경에 처하게 만드는 일도 서슴지 않았지요.

"몽골 녀석들은 대륙에서만 살아서 배를 타고 전쟁을 한 경험이 거의 없어. 그런 녀석들에게 일본을 공격하는 일은 꿈도 못 꿀 정도로 어려운 일이겠지. 내가 그 일을 돕겠다고 나서면 틀림없이 더 높은 벼슬을 줄 거야."

조이는 쿠빌라이에게 일부러 고려가 일본과 사이가 좋다고 보고했어요. 그리고 고려를 이용해 일본을 정복하자고 쿠빌라이

유학 留學
외국에 가서 공부함.
留 머무를 유(류)
學 배울 학

곤경 困境
어려운 형편이나 처지.
困 곤할 곤
境 지경 경

를 부추겼지요.

"우리가 일본을 공격할 수 있겠소?"

"일본과 사이가 좋고, 일본을 잘 알고 있는 고려를 앞세워 간다면 얼마든지 공격이 가능할 겁니다."

조이의 부추김으로 쿠빌라이는 일본을 공격하도록 했어요. 결국 고려에서는 어쩔 수 없이 무신 송군비로 하여금 일본으로 가는 길을 안내하도록 했지요. 그러나 풍랑이 어찌나 심했는지 중간에서 포기해야만 했어요.

그 후에도 조이는 고려에 대해 계속 좋지 않은 말을 몽골에 보고해 곤란한 일이 발생하곤 하였어요. 하지만 조이는 끝내 자신의 뜻을 이루지 못했다고 해요.

풍랑 風浪
바람과 물결을 아울러 이르는 말.
風 바람 풍
浪 물결 랑(낭)

이인임

고려 후기. ?~1388

이인임은 돈을 받고 관직을 팔고, 온갖 부정부패를 저질러 백성들의 **원성**이 하늘에 치닫게 한 신하였어요. 이인임과 부하들의 **행패**가 얼마나 심했는지 백성들 사이에서는 차라리 고려가 망해 버렸으면 좋겠다는 말이 나돌 정도였지요.

이인임은 고려 제31대 왕인 공민왕 시절의 문신이었어요. 그는 변방에 쳐들어온 한족(홍건족)을 물리치고 큰 공을 세워 관직을 받게 되었어요. 그러나 공민왕이 죽자 겨우 열 살밖에 되지 않은 우왕을 내세워 큰 권력을 잡았어요. 이인임은 원나라와 친하게 지내야 한다며 사람들을 부추기고 원나라에 잘 보여 벼슬을 받으려 했어요.

"이걸로는 큰돈이 되지 않아. 모름지기 힘이란 돈에서 나오는 것이지. 돈을 벌려면 어떤 방법이 좋을까. 옳거니, 벼슬을 사고파는 거야! 벼슬을 판다면 큰돈을 벌겠지!"

이인임은 돈 많은 사람들에게 관직을 팔기 시작했어요. 돈을 벌기 위해서라면 새로운 관직을 만들어 팔기까지 했지요. 이인임의 집 앞은 관직을 사려는 사람들로 붐볐고, 그렇게 관직을 산 사람들은 백성들의 것을 강제로 빼앗아 자신들의 주머니를 채웠어요. 그렇게 고려의 악순환이 계속해서 반복되었지요.

"이제 더 이상 농사지을 땅이 없으니 우리는 어떡하나!"

"차라리 고향을 떠납시다. 산으로 들어가 산적이 되는 게 낫겠습니다."

원성 怨聲
원망하는 소리.
怨 원망할 **원**
聲 소리 **성**

행패 行悖
체면에 어긋나게 난폭한 짓을 버릇없이 함. 또는 그런 말과 행동.
行 다닐 **행**
悖 거스를 **패**

땅을 빼앗긴 백성들은 고향을 떠나 떠돌이 생활을 하기 시작했지요.

한편, 우왕의 명령을 받고 명나라와 전쟁을 하러 요동으로 떠났던 이성계 장군은 위화도에서 군사를 돌려 다시 궁궐로 돌아왔어요. 이것을 '위화도 회군'이라고 하는데 이 일을 계기로 권력을 잡은 이성계는 우왕을 내쫓고 그 자리에 아홉 살 난 우왕의 아들 창을 앉혔어요. 이성계 일파에게 잡혀 유배를 간 이인임은 노환으로 곧 세상을 떠났어요.

"사람이 벌을 주지 못하니 하늘이 벌을 대신 주었군."

이인임도 벌을 받기를 바랐던 백성들은 아쉬워했지요.

회군 回軍
군사를 돌이켜 돌아가거나 돌아옴.

回 돌아올 회
軍 군사 군

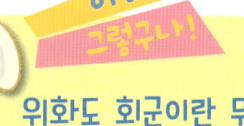

위화도 회군이란 무엇일까?

1388년 5월, 요동 정벌을 떠났던 이성계는 군사를 이끌고 되돌아와 우왕을 왕위에서 내쫓았다. 이성계는 우왕의 명을 받고 명나라를 공격하러 갔다가 그 군사들을 그대로 이끌고 돌아온 것이다. 사건의 시작은 명나라가 차지하고 있는 요동 땅 때문이었다. 원래 그곳은 고려의 영토였는데 명나라가 차지했다며 다시 빼앗아 오라고 명령한 것이다. 여기에는 이인임이 우왕을 부추긴 것이 큰 이유가 되었다. 하지만 겨우 5만 명의 군사를 끌고 요동 정벌을 떠났던 이성계는 '요동 정벌 4대 불가론'을 내세우며 위화도에서 군사를 되돌려 개경으로 돌아왔다. 왕의 명령을 따르는 대신 왕을 내쫓는 것을 선택한 것이다.

김자점

조선 중기. 1588~1651

조선의 대표적인 간신으로 인조 때의 김자점을 꼽을 수 있어요. 김자점은 조선 제15대 왕인 광해군 때 음서로 관직에 등용된 사람이었어요. 조선 시대에는 부모가 관직에 있을 경우 그 자식은 시험을 치르지 않고도 벼슬을 얻을 수 있었어요. 덕분에 김자점도 관직을 거저 얻을 수 있었지요.

1623년 광해군을 폐위시킨 인조 반정이 일어났을 때 김자점은 인조의 편을 들었어요. 덕분에 김자점은 일등 공신에 봉해지게 되었고, 큰 벼슬을 얻을 수 있게 되었지요. 그런데 병자호란이 일어나는 바람에 김자점은 임진강 이북 지역을 지키는 도원수로 발령을 받고 출전하게 되었어요.

"이러다 죽으면 어쩌란 것이냐! 나는 못 간다!"

겁이 많았던 김자점은 목숨을 잃을까 두려운 나머지 관할 지역을 버리고 도망쳤어요. 이 일로 김자점은 병자호란이 끝난 뒤 강화도에 유배를 갔지만 1년 만에 복귀되었어요. 인조라는 든든한 뒷배가 있었거든요. 또 손자인 김세룡을 인조가 가장 아끼는 귀인 조씨가 낳은 효명 옹주에게 장가를 보내 왕가의 외척이 되었어요. 조정으로 나갈 수 있게 된 김자점은 온갖 아첨을 떨어 왕의 환심을 샀지요.

당시 인조는 병자호란 때 청나라에 인질로 끌려갔다가 다시 조선으로 돌아온 소현 세자 부부를 탐탁지 않아 했어요. 소현 세자는 청나라 대신들을 휘어잡을 정도로 학식이 뛰어났어요.

음서 蔭敍
공신이나 전·현직 고관의 자제에게 과거 시험을 치르지 않고 벼슬을 주는 일.
蔭 그늘 음
敍 펼 서

등용 登用
인재를 뽑아서 씀.
登 오를 등
用 쓸 용

옹주 翁主
조선 시대, 후궁에서 난 딸을 이르는 말.
翁 늙은이 옹
主 임금 주

사람들은 소현 세자가 돌아오자 다음 왕은 반드시 그가 되어야 한다고 말할 정도였지요. 이러한 사실을 눈치챈 인조는 소현 세자를 경계하며 눈엣가시처럼 여겼어요.

그러던 어느 날 갑자기 소현 세자가 죽음을 맞이했어요. 조선에 돌아온 지 두 달 만이었지요. 홀로 남은 세자빈인 강빈도 없애는 것이 낫겠다고 생각한 김자점은 귀인 조씨와 함께 거짓으로 강빈의 죄를 고했지요.

"그 사실 알고 계십니까? 세자빈이 전하를 죽이려 한답니다."

"뭐라?"

"전하, 세자빈을 죽이소서."

이 일로 강빈은 억울한 누명을 쓰고 죽음을 맞이했어요. 결국 인조는 김자점의 아첨에 의해 판단력이 흐려지고 나라 사정을 잘 알지 못하는 어리석은 왕이 되고 말았지요.

하지만 인조가 죽고 효종이 왕이 되자 김자점은 찬밥 신세가 되고 말았어요.

"나는 돌아가신 아바마마가 당했던 치욕(삼전도의 굴욕)을 잊지 않고 있소. 나는 군사를 정비해 청나라를 공격할 것이오."

"흥, 누구 마음대로? 내 말을 무시하는 왕은 살려 둘 필요가 없지."

김자점은 효종이 제 뜻대로 따라 주지 않자 효종이 청나라를 공격하려 한다며 청나라에 밀고해 버렸어요. 이 일로 유배되었던 김자점은 자신의 손자를 왕위에 올리려다 들켜 역모죄로 처형당하고 말았답니다.

치욕 恥辱
수치와 모욕을 아울러 이르는 말.
恥 부끄러울 치
辱 욕될 욕

그리고리 라스푸틴

제정 러시아 말기. 1869~1916

러시아 왕조의 마지막 황제였던 니콜라이 2세는 무능하고 어리석은 왕이었어요. 니콜라이 2세를 그렇게 만든 것은 '라스푸틴'이라는 사람이었지요. 그는 황제를 허수아비로 만들고 러시아를 마음대로 움직인 사람이었어요.

원래 그리고리 라스푸틴은 러시아의 시골 마을에서 태어난 농부의 아들이었어요. 비교적 부유한 집이었지만 마을에 학교가 없어서 교육을 받지는 못했대요. 하지만 라스푸틴은 농사를 짓는 대신 전국을 떠돌며 수사가 되었지요.

그런데 라스푸틴에게는 특별한 능력이 있었어요. 바로 병을 치료할 수 있는 기술이었지요. 다른 교육을 전혀 받은 적이 없던 라스푸틴은 병을 고칠 줄 아는 능력을 이용해서 상류층 사람들의 환심을 샀어요. 또, 제멋대로 성서를 해석해서 사람들에게 이상한 예언을 하기도 했지요. 신기한 것을 좋아했던 귀족 부인들은 라스푸틴의 독특하고 신비한 성서 해석을 듣고 매우 신기해했어요.

그러던 어느 날 한 귀족 부인이 라스푸틴을 니콜라이 2세에게 데리고 갔어요.

"폐하, 아드님께 병이 있으시군요."

"그 병이 뭔지 알겠소?"

"제가 기도를 하면 금방 나을 수 있답니다. 걱정 마세요."

황태자는 당시 혈우병을 앓고 있었어요. 그런데 신기하게도

왕조 王朝
같은 왕가에 속하는 왕들의 계열. 또는 그 왕가가 다스리는 시대.
王 임금 **왕**
朝 아침 **조**

수사 修士
청빈·정결·순명을 서약하고 독신으로 수도하는 남자. 수도회에서 수도 생활을 한다.
修 닦을 **수**
士 선비 **사**

성서 聖書
성인이 지은 책. 또는 교리를 기록한 책.
聖 성인 **성**
書 글 **서**

라스푸틴이 기도를 올리자 상태가 점점 좋아지는 듯했지요. 그때부터 황제와 황후는 라스푸틴을 무조건 믿게 되었고, 무엇이든 그의 말을 최우선으로 여겼어요.

"이제 러시아는 내 것이나 다름없어. 내 말 한마디면 황제가 뭐든 하니까 말이야."

라스푸틴은 황제와 황후의 신임을 등에 업고 온갖 부정부패를 저질렀어요. 자기 욕심을 채우기 위해 농민들에게 엄청난 세금을 내게 했고, 생계가 어려워 항의하는 농민들에게는 총을 쏘기도 했어요.

제1차 세계 대전(1914~1918)이 터지자 러시아는 정치적으로 경제적으로 많이 힘들었어요. 게다가 전쟁에서 계속 패하자 직접 지휘를 하기 위해 1915년 황제가 직접 전쟁터로 갔어요. 그러자 러시아는 완전히 라스푸틴의 것이나 마찬가지였어요. 심지어 꿈에 계시를 받았다면서 전쟁터에 있는 황제에게 명령을 내리기도 했지요.

이제 농민들뿐 아니라 황실의 귀족들도 더 이상은 참을 수가 없었어요. 황제 옆에 있는 라스푸틴을 죽여야 러시아가 살 수 있다는 결론에 이르지요. 결국 라스푸틴은 황실 귀족의 초대를 받고 간 자리에서 죽임을 당하고 말았어요. 그리고 몇 달 후 황제도 황제 자리에서 폐위되었지요.

3장
왕 위에 군림한 궁중의 여인들

나폴레옹은 "이 세상은 남자가 다스리고, 남자는 여자가 지배한다."고 말했어요. 나폴레옹의 말처럼 이 세상에는 왕보다 더 많은 권력을 움켜쥐었던 여인들이 있어요. 그녀들은 욕심을 채우려고, 또 권력을 지키려고 해서는 안 될 짓까지 서슴없이 저질렀지요. 왕보다 더 큰 권력을 쥐었던 여인들이 어떻게 나라를 쥐락펴락했는지 살펴볼까요?

여후

중국 전한의 시조 유방의 황후. 기원전 241~기원전 180

중국의 3대 악녀로 '측천무후', '서 태후', '여후'를 꼽을 수 있어요. 이들은 모두 권력을 움켜쥐고 중국을 호령했던 여장부들이었지요. 그리고 권력에 대한 지나친 욕심 때문에 자식까지 이용했던 비정한 어머니이기도 했고요.

여후는 한나라 시조인 유방의 황후였어요. 여후는 뛰어난 지략으로 유방이 한나라를 세우는 데 많은 도움을 주었어요.

"한나라가 이렇게 번듯하게 세워진 것은 다 내 덕분이지. 그러니 내 아들이 황제 자리에 오르는 게 당연해."

유방이 죽었을 때 아들 유영의 나이는 겨우 열다섯 살에 불과했지만 여후는 온갖 방법을 다 동원해서 자신의 아들을 결국 황제로 만들었어요. 여후는 태후가 되었지요.

"황제, 정치는 이 어미가 모두 알아서 할 테니 걱정하지 말고 편안하게 지내세요."

"하지만 어머니……."

"황제는 그저 이 어미가 시키는 대로 하기만 하면 됩니다."

여후는 유방의 뒤를 이어 황제가 된 아들을 대신해 조정의 크고 작은 일을 처리했어요. 또, 그녀는 유방이 아꼈던 후궁과 다른 아들들을 잔인하게 죽이기까지 했지요. 혜제는 어머니가 두려워 아무것도 할 수 없는 나약한 왕이 되고 말았어요. 결국 마음의 병을 얻은 혜제는 23세의 젊은 나이에 세상을 떠나고 말았어요.

"아들이 죽었다고 해서 달라지는 건 아무것도 없어."

혜제가 죽자 여후는 어린 손자들을 차례로 황제 자리에 앉혔고 자신이 그 뒤에서 나랏일을 돌보기 시작했어요. 여후는 한나라의 황제나 다름없었지요.

"손자들이 모두 죽어서 다음 황위를 이을 사람이 없으니 이 일을 어쩌면 좋단 말인가!"

유방은 죽기 전 유씨 성을 가진 사람만 황제로 세우라는 유언을 남겼어요. 하지만 여후는 영원한 권력을 갖기 위해 자신의 동생을 황위에 앉히려 했어요. 이 사실을 알게 된 대신들은 크게 반발했지요. 결국 여후는 대신들의 반발로 인해 자리에서 물러나야만 했어요. 그 후 여후가 죽자 여씨들이 힘을 합쳐 반란을 일으키려 했지만 한나라 조정에서 반란군을 모조리 제압하고 여씨들을 귀향 보내 죽였다고 해요.

반발 反撥
어떤 상태나 행동에 대해 받아들이지 않고 반항함.
反 돌이킬, 돌아올 **반**
撥 다스릴 **발**

가남풍

중국 진나라 제2대 황제 혜제의 황후. 257~300

가남풍은 중국 삼국 시대 서진이 세워질 때 큰 공을 세운 가규의 손녀이자 가충의 딸이에요. 가남풍은 작고 까만 피부를 가진 아주 못생긴 여인이었다고 해요.

"꼭 저런 여자를 태자비로 맞아야만 하는 것이오?"

서진의 제1대 황제였던 무제 사마염은 가규의 딸이 마음에 들지 않았어요. 하지만 황후를 비롯해 대신들의 요청으로 가규의 딸을 태자 사마충의 비로 선택할 수밖에 없었지요.

"폐하, 태자마마는 어리석고 사리 분별을 잘 하지 못하니 현명한 여자를 아내로 맞이해야 합니다."

"그건 그렇긴 한데……."

다행히 가남풍은 총명한데다 꾀가 많아서 태자를 잘 보필했어요. 덕분에 태자는 무제가 죽고 난 후 무사히 서진의 제2대 황제가 될 수 있었지요. 황제가 된 혜제는 궁녀 사구가 낳은 아들 사마휼을 태자로 삼았어요.

"폐하, 외삼촌과는 거리를 두셔야 합니다."

"어째서요? 외삼촌은 나를 아주 사랑해 주는 분이십니다."

혜제에게 가남풍은 외가 쪽 사람들을 모조리 죽이라고 부추겼어요. 없는 죄를 만들어 뒤집어씌우고, 반역을 꾀했다고 모함하는 등 온갖 술수를 동원했지요. 결국 혜제는 자신을 도와주던 측근들을 모두 잃고 말았어요. 덕분에 가남풍은 진나라 최고 권력자가 되었어요.

술수 術數
어떤 일을 꾸미는 꾀나 방법.
術 재주 술
數 셈 수

가남풍은 자신의 아들을 낳아 권력을 물려주고 싶었어요. 하지만 아들을 낳지 못했지요. 그러자 권력을 잃을까 두려웠던 가남풍은 자신의 여동생이 낳은 아이를 데려다가 마치 자신의 아들인 것처럼 꾸몄어요. 어리석은 혜제는 그 아이가 자신의 아들인 줄 알고 궁녀 사구가 낳은 태자 사마휼을 폐위시키고 가남풍의 아들을 다시 태자로 삼았지요. 가남풍은 사마휼을 모함하여 태자 자리에서 폐위시킨 것도 모자라 잔인하게 독살해 버렸어요. 이 사실은 곧 궁궐 내에 알려지게 되었어요.

"소문 들었어? 황후가 낳았다는 그 아들은 진짜 아들이 아니래."

"나도 들었어! 세상에, 가짜 왕자를 황위에 앉힐 생각을 하다니!"

이 사실을 알게 된 제후들은 가남풍을 내쫓고 혜제와 그 아들을 모두 폐위시켰어요.

양 귀비

중국 당나라 제6대 황제 현종의 비. 719~756

양 귀비는 중국 당나라 현종의 후궁이자 며느리였어요. 빼어난 미모로 아들과 시아버지 모두와 결혼했지요. 사람들은 양 귀비의 지나친 아름다움 때문에 당나라가 망하게 되었다고들 해요.

양 귀비의 본명은 양옥환이에요. 옥환은 어려서부터 남달리 총명하고 예뻤다고 해요. 옥환의 어린 시절을 유심히 지켜보았던 황실 귀족은 현종의 18번째 아들 수왕에게 시집을 보내기로 했어요. 덕분에 옥환은 궁궐로 들어오게 되었지요.

그런데 현종이 우연히 연회에서 옥환을 보게 되었어요. 옥환의 아름다움에 첫눈에 반해 버린 현종은 고민했어요. 옥환이 아들의 아내, 그러니까 자신의 며느리였기 때문이에요. 하지만 결국 옥환은 수왕을 버리고 현종을 택했지요.

원래 현종은 어질고 뛰어난 성군이었어요. 그러나 옥환을 사랑하게 된 현종은 변하기 시작했어요. 사랑에 빠져 나랏일은 뒷전이고 오로지 노는 것에만 푹 빠졌던 거예요.

"옥환에게 귀비의 직첩을 내리고 옥환의 오라비들에게도 높은 관직을 내려주도록 하라."

현종은 양 귀비를 위해 궁을 짓고 양 귀비가 즐겨 먹는다는 이유로 2천 리 밖에서 열리는 과일을 매일 가져오도록 명령하는가 하면 온갖 사치를 다 누릴 수 있도록 해 주었지요. 양 귀비를 중심으로 탐관오리들의 부정부패는 나날이 심해졌고, 백성들의

총명 聰明
슬기롭고 도리에 밝으며 재주가 있음.
聰 귀 밝을 총
明 밝을 명

탐관오리 貪官汚吏
욕심이 많아 백성의 재물을 탐내어 빼앗고 부정을 일삼는 관리.
貪 탐낼 탐
官 벼슬 관
汚 더러울 오
吏 벼슬아치 리(이)

삶은 어려워져 갔어요.

그런데 양 귀비의 지휘가 높아지자 그녀의 형제들끼리도 싸움이 벌어지게 됐어요. 양 귀비는 안녹산이라는 사람을 무척 아꼈는데, 양 귀비의 6촌 오빠인 양국충은 안녹산이 자기보다 높은 벼슬을 받은 것에 불만을 갖게 되었어요. 양국충이 안녹산을 모함하여 죽이려 하자 이 사실을 눈치챈 안녹산은 무장 사사명과 함께 난을 일으키고 수도인 장안까지 쳐들어갔어요. 755년에 일어난 이 난을 '안사의 난'이라고 해요.

현종은 양 귀비와 가족들을 이끌고 이들을 피해 도망을 갔어요. 그러나 평소 양 귀비와 그녀의 형제들 때문에 시달림을 받았던 군사들은 양 귀비를 죽이지 않으면 더 이상 호위하지 않겠다고 했지요. 목숨에 위협을 느낀 현종은 양 귀비를 군사들에게 내주었어요. 양 귀비는 스스로 자결을 할 수밖에 없었지요. 무려 9년 동안이나 이어진 안사의 난으로 인해 중앙의 권력은 약해지고 말았고 결국 당나라는 여러 개의 작은 나라로 갈라지게 되었어요.

기황후

원나라 제15대 황제 혜종의 황후. ?~?

기황후는 원나라 제15대 황제 혜종(순제)의 황후이자 북원 제2대 황제인 소종의 어머니예요.

기황후는 원래 고려 여인이었어요. 그 당시 고려에서는 처녀들을 뽑아 원나라에 공녀로 바쳐야만 했지요. 무신이었던 기자오는 자신의 막내딸을 공녀로 원나라에 바쳤고, 그곳에서 기씨 처녀는 궁녀가 되었어요.

원나라 황실에는 고려인 환관들이 몇 명 있었는데 그중 환관 고용보가 기씨를 후궁이 될 수 있도록 도왔어요. 황자 시절, 황실 내부 싸움으로 인해 고려에서 1년 넘게 유배 생활을 한 적이 있는 혜종은 고려에서 온 기씨를 무척 좋아했지요. 1335년 제1황후가 누명을 쓰고 폐위되자 혜종은 기씨를 황후로 삼으려고 했지만 많은 반대가 있어 그러지 못했어요. 고려의 여인을 원나라 황후로 올릴 수 없다는 것이었지요. 그래서 1337년 몽골 출신의 여인을 황후로 삼았어요. 하지만 1338년 기씨가 황자를 낳자 다음 해 혜종은 많은 신하들의 반대에도 불구하고 기씨를 제2황후로 삼았어요. 그리고 기황후가 낳은 황자가 드디어 황태자가 되었지요. 이로써 기황후는 막강한 권력을 손에 쥐게 되었어요.

"나는 고려 사람이지만 절대 고려 편을 들지 않을 것이다. 내 아들이 이 나라의 황제가 될 것이고, 고려는 내 아들의 발아래 무릎 꿇을 작은 나라이지 않느냐."

기황후는 고려인이었지만 고려의 편에 서서 일을 도와주지 않았어요. 오히려 공민왕이 원나라에서 벗어나려고 한다는 소식을 듣자마자 군사 1만 명을 보내 왕을 바꾸려고까지 했을 정도예요. 기황후가 이렇게까지 했던 까닭

은 공민왕이 그녀의 일가족을 몰살시켰기 때문이었지요. 하지만 고려의 최영 장군에게 패하고 말았어요.

기황후는 다시 군사를 보내려 했지만 그보다 더 시급한 일이 벌어지고 말았어요. 1365년, 원나라의 제1황후가 죽자 기황후는 바라고 바라던 제1황후가 되었어요. 기황후의 권력에 날개가 돋는 듯했지요. 하지만 당시 원나라는 계속된 황태자의 황위 계승 싸움으로 나라의 재정과 국력은 점점 나빠졌고 나라 곳곳에서 반란이 일어났어요. 1368년 반란 세력을 누르고 남경에서 명나라를 세운 주원장은 북벌 정책을 펴 원나라를 멸망시켰어요. 원나라 황실은 반란의 무리들을 피해 북쪽으로 도망을 가야만 했지요. 북쪽으로 쫓겨간 원 황실을 북원이라고 해요.

1370년 혜종이 죽자 기황후의 아들이 북원의 제2대 황제 소종이 되었어요. 기황후의 소원대로 자신의 아들이 황제가 되긴 했지만 이후 기황후에 대한 기록이 전해지지 않고 있어요. 원나라 혜종의 총애를 믿고 원나라뿐 아니라 고려까지 쥐락펴락했던 기황후는 끝없는 권력욕으로 두 나라를 망친 황후로 기억되고 있답니다.

미실

신라, ?~609 추정

신라는 우리나라 역사상 유일하게 여왕이 존재했던 나라예요. 그런데 신라의 여왕은 아니었지만, 여왕 못지않게 큰 권력을 쥐었던 사람이 있답니다. 바로 진흥왕 시절부터 진평왕 대까지 신라 왕실뿐 아니라 화랑까지 좌지우지했던 여자 미실이 그 주인공이에요. 미실은 왕을 모시는 진골 혈통으로 어려서부터 총명하고, 미모가 뛰어났다고 해요.

"나는 미실을 후궁으로 들일 생각이오."

진흥왕은 동생인 세종에게 시집을 갔던 미실을 후궁으로 들이겠다고 선포했어요. 많은 반대에도 불구하고 진흥왕은 총명한 미실을 깊게 믿었어요. 진흥왕은 미실에게 화랑도의 우두머리인 '원화' 자리를 주었지요.

원래 원화 제도는 화랑도 이전의 단체로, '원화'라고 불리는 여자가 우두머리였어요. 그런데 질투 때문에 문제가 생기자 진흥왕의 어머니인 지소 태후가 폐지시켰지요. 그 뒤 진흥왕이 왕이 된 후 남자를 우두머리로 하는 '화랑도'를 설치했어요. 그런데 진흥왕이 원화 제도를 부활시켜 미실을 원화 자리에 앉힌 거예요. 그만큼 미실을 깊이 총애하며 아낀 것이겠지요. 미실은 진흥왕 덕분에 엄청난 힘을 키울 수 있었고 진흥왕이 죽은 뒤에는 최고의 권력을 움켜쥐게 되었지요.

"나를 왕비로 삼아 준다면 당신을 왕으로 만들어 주겠어요."

미실은 자신이 왕비가 되는 것을 조건으로 진지왕을 왕위에

화랑도 花郞徒
신라 시대에 문벌과 학식이 있고 외모가 단정한 청소년으로 구성된 수양 단체.
花 꽃 화
郞 사내 랑(낭)
徒 무리 도

원화 源花
신라 시대 화랑의 전신. 우두머리가 여자였음.
源 근원 원
花 꽃 화

오를 수 있도록 도와주었어요. 하지만 진지왕이 약속을 지키지 않자 곧 폐위시켜 버렸지요. 미실은 새로운 왕인 진평왕을 왕위에 올리고 다시 왕비가 되었어요. 미실은 자신의 권력을 위해 제멋대로 왕을 바꾸고, 화랑을 마음대로 다루는 등 왕보다 더 큰 권력을 휘두르며 나라를 어지럽혔어요. 그래서 역사는 미실을 신라 최고의 악녀로 기억하지요.

미실에 관한 이야기는 대부분 『화랑세기』라는 책에 나와 있어요. 그런데 이 책의 내용이 진짜인지 가짜인지는 아직 정확하지 않다고 해요. 한 가지 분명한 것은 미실이 뛰어난 미모와 학식을 갖춘 여자였고, 그녀가 신라의 왕족과 귀족들을 자기 발아래 두고 권력을 휘둘렀다는 것이지요.

초요갱

조선 제4대 왕 세종~제7대 왕 세조 대의 기녀. ?~?

초요갱은 조선 시대 여러 명의 왕자와 명문가 양반들로부터 사랑을 받았던 아주 유명한 기생이었어요. 어떤 왕족은 초요갱을 사랑한 나머지 사람을 죽이는 범죄를 저지르기도 했답니다. 이 사실을 알게 된 세종은 초요갱을 어떻게 벌주어야 할지 고민하느라 골머리를 앓을 정도였다고 해요.

"대체 초요갱이라는 기생이 어떤 사람이기에 왕족들이 이토록 절절매는 것이냐?"

"전하, 초요갱은 미모도 뛰어나지만 특히 악기를 잘 다룬다고 하옵니다. 궁중 음악의 대가인 박연의 수제자라고 하옵니다."

초요갱의 뛰어난 미모와 기예에 많은 양반과 왕족들이 넋을 잃을 정도였다고 해요. 특히 세종의 일곱 번째 아들인 평원 대군은 초요갱을 각별히 사랑했다지요. 평원 대군은 초요갱과 혼인까지 하려고 했어요. 하지만 세종의 반대로 그럴 수 없게 되자 몰래 그녀를 납치하여 함께 살 정도였어요.

하지만 그 계획도 순조롭게 진행되지 못했지요. 1445년, 평원 대군이 그만 천연두에 걸려 세상을 뜨고 말았던 거예요. 평원 대군이 숨을 거두자 기가 막힌 일이 벌어졌어요. 평소 초요갱을 마음에 두고 있던 다른 왕자들 또한 모두 그녀에게 사랑을 고백한 거예요. 초요갱은 평원 대군이 죽은 지 얼마 지나지 않아 화의군과 계양군과도 특별한 사이가 되었지요. 왕자들은 서로 초요갱을 얻기 위해 싸움을 벌이기까지 했어요.

수제자 首弟子
여러 제자 가운데 학문이나 기술이 가장 뛰어난 제자.

首 우두머리 **수**
弟 차례 **제**
子 아들 **자**

천연두 天然痘
천연두 바이러스가 일으키는 악성 전염병. 두창, 포창, 마마라고도 한다.

天 하늘 **천**
然 불탈 **연**
痘 역질 **두**

"감히 왕자들을 유혹하여 나라를 어지럽히다니, 당장 초요갱을 죽을 만큼 매질하도록 하라!"

단종을 폐위시키고 왕이 된 세조 역시 초요갱을 눈엣가시처럼 여겼어요. 다른 왕자들이 초요갱에게 빠져 정신을 차리지 못한다는 사실을 알게 된 거예요. 세조는 그녀를 붙잡아 크게 벌하도록 명령했어요. 그러자 계양군이 달려와 무릎을 꿇고 애원했지요.

"전하, 초요갱이 죽으면 궁중 음악의 대가 끊길 것입니다. 부디 목숨만은 살려 주십시오."

결국 세조는 초요갱을 평양에 유배 보내는 것으로 사건을 마무리 지었어요. 그러나 유배지에서도 초요갱의 인기는 식을 줄 몰랐다고 해요. 초요갱의 집 앞은 그녀의 얼굴을 보려고 찾아온 양반들로 인해 날마다 북새통을 이루었다지요.

궁중 음악을 정비한 박연

박연은 조선 전기의 문신이자 음률가로, 고구려의 왕산악, 신라의 우륵과 함께 우리나라 3대 악성 가운데 한 사람이다. 어려서부터 음악적 재능이 뛰어났던 박연은 상대의 신분을 따지지 않고 배울 만큼 음악에 대한 열정이 컸다. 비파와 거문고 연주 실력도 뛰어났는데 특히 피리를 잘 불었다. 하지만 당시 음악적 재능은 관료로 나아가는 데 큰 도움이 되지 못했다. 그렇기 때문에 박연은 과거 시험을 치르고 관직에 나갔다. 그리고 요직을 두루 거치던 중 당시 세자였던 세종의 세자 시강원 문학 직을 맡으면서부터 음악적 재능을 발휘하기 시작했다.

박연은 자신의 음악적 재능을 알아본 세종의 도움으로 음악에 관한 일을 맡아보는 관청인 관습도감에서 일하면서 음악에 전념할 수 있었다. 당시에는 신라 시대부터 내려오던 향악, 당나라의 당악, 송나라 때 들어온 아악 등이 섞여 사용되었는데 박연은 세종의 명으로 국가 행사에 사용되는 공식 음악의 기본을 아악으로 정리했다. 당시 조선이 송나라에서 들어온 성리학을 따르고 있었기 때문이다.

장 희빈

조선 제19대 왕 숙종의 빈 & 제20대 왕 경종의 생모. 1659~1701

 장 희빈은 조선 제19대 왕인 숙종의 후궁이자 제20대 왕인 경종의 어머니예요. 중전인 인현 왕후를 내쫓고 그 자리를 꿰찬 인물로도 유명하지요. 장 희빈은 자신의 권력을 위해서라면 어떤 짓도 서슴지 않았던 무서운 여자였어요.

 장 희빈의 본명은 장옥정이에요. 역관을 지낸 중인 집안의 딸이었지요. 그러나 열 살 때 아버지가 죽고 집안 형편이 어려워지자 궁궐의 나인이 되었어요. 숙종의 사랑을 받게 되지만 곧 궁궐 바깥으로 쫓겨나고 말았어요. 서인 세력이었던 숙종의 어머니 명성 왕후가 남인 세력이었던 장옥정을 쫓아낸 거예요. 장옥정은 명성 왕후가 세상을 떠난 다음에야 궁궐에 돌아올 수 있었어요. 이때 장옥정의 나이는 스물다섯 살이었지요.

 숙종은 장옥정을 무척 사랑했어요. 궁궐로 다시 들어온 장옥정은 종4품 숙원에서 정2품 소의로 지위가 올랐고 아들을 낳고서는 숙종에게 자신이 낳은 아들을 세자로 책봉해 달라고 졸랐어요.

 "전하, 아직 중전마마의 나이가 젊으시니 원자를 낳을 수 있으실 것입니다. 그런데 후궁의 자식을 세자로 책봉하다니요!"

 신하들은 중전의 아들이 태어날 때까지 세자 책봉을 미뤄야 한다고 주장했어요. 이 사실을 알게 된 장 희빈은 그들을 유배 보내거나 파직시켜 버렸지요. 결국 숙종은 그녀의 뜻대로 아들을 세자에 책봉시켜 주었고, 장옥정은 소의에서 정1품 희빈이 되

역관 譯官
통역하는 일을 맡은 관리.
譯 번역할 역
官 벼슬 관

었어요. 덕분에 장옥정은 자신의 이름보다 장 희빈으로 더 유명해지게 되었지요.

장 희빈은 인현 왕후를 몰아내고 중전 자리를 차지하기까지 했어요. 그러나 사람의 마음은 언제든 변하기 마련이지요. 언제까지나 장 희빈만을 사랑할 것 같았던 숙종의 마음이 흔들리기 시작한 거예요. 숙종은 인현 왕후를 내쫓은 것을 후회하기 시작했지요. 폐서인이 되었던 인현 왕후가 다시 중전이 되었고, 중전이었던 장씨는 다시 희빈으로 강등되었어요.

모든 것이 인현 왕후 때문이라고 생각한 장 희빈은 사당을 지어 놓고 매일 인현 왕후가 죽기만을 기도했어요. 그러던 어느 날 인현 왕후가 정말 세상을 떠나고 말았지요. 이 사실을 알게 된 숙종은 몹시 화가 나서 장 희빈에게 사약을 내렸어요. 나인에서 중전의 자리까지 오르며 권력을 손에 쥐고 나랏일을 쥐락펴락했던 장 희빈의 최후는 이렇게도 허무하게 끝이 나고 말았답니다.

강등 降等
등급이나 계급이 낮아짐.
降 내릴 **강**
等 무리 **등**

김개시

조선 제15대 왕 광해군 대의 상궁. ?~1623

광해군은 반정에 의해 왕위에서 쫓겨난 왕이에요. 그리고 반정을 이끈 인조가 궐로 들어와서 가장 먼저 죽인 사람은 바로 '김개시'라는 상궁이었어요. 그녀는 광해군이 세자 시절부터 함께했던 궁인이었지요.

김개시는 원래 천민 출신의 궁인이었는데, 어려서부터 머리가 총명하여 글을 읽을 줄 알았다고 해요. 임진왜란이 일어나자 김개시는 선조를 모시고 피란을 떠났어요. 선조는 여자지만 똑똑하고 일을 잘 처리하는 김개시를 아주 어여뻐했지요. 그 후 선조가 죽자 광해군이 조선의 제15대 왕이 되었는데, 광해군 역시 김개시를 곁에 두고 의지하며 크고 작은 일을 의논했어요.

"소문 들었어? 궁궐에 사는 김개시에게 부탁하면 무슨 일이든 다 들어 준다더구먼."

"왕도 김개시의 말이라면 끔뻑 죽는대."

사람들은 점차 김개시가 왕을 움직이고 있다는 것을 눈치 챘어요. 많은 사람들이 김개시에게 뇌물을 갖다 바치며, 아부하기 시작했지요. 김개시는 자신의 욕심을 채우기 위해 영리하게 광해군을 이용하기 시작했어요.

"이러다간 나라가 이씨의 나라가 아니라 김씨의 나라가 되겠어."

광해군은 이 사실도 모른 채 김개시를 믿고 따랐지요. 사실 인조의 반란군이 궐로 쳐들어오기 직전까지 많은 선비들이 반란

상궁 尙宮
조선 시대 여자 궁인 중 정5품 관직.

尙 오히려 **상**
宮 집 **궁**

아부 阿附
다른 사람에게 잘 보이려 비위를 맞추어 알랑거림.

阿 언덕 **아**
附 붙을 **부**

을 예측하고 상소를 올리며 이를 조심하라고 했다고 해요. 그런데 광해군은 그 상황을 잘 알지 못했어요. 반정에 대한 상소를 김개시가 모두 치워 버렸기 때문이에요.

결국 김개시는 광해군의 눈과 귀를 가린 채 자기 마음대로 움직이는 데 성공했지만 반란을 막을 수는 없었지요.

"나라를 망친 김개시를 죽여라!"

이렇게 인조는 왕이 되자마자 김개시를 죽였고, 세상을 모두 차지할 것만 같았던 김개시의 삶은 그렇게 끝이 났답니다.

서 태후

중국 청나라 제9대 황제 함풍제의 후궁. 1835~1908

서 태후는 중국의 마지막 봉건 국가였던 청나라의 최고 권력자였어요. 그녀는 권력을 쥐기 위해 자식마저도 서슴없이 해친 악녀였어요. 원래 서 태후는 지방의 몰락한 가문에서 태어났어요. 열여섯 살에 궁녀가 되었는데, 얼굴도 예쁜데다 똑똑하고, 말솜씨도 뛰어나 주변 사람들로부터 큰 인기를 누렸다고 해요. 황제인 함풍제의 눈에 띄어 후궁이 되었고, 곧 아들을 낳았어요. 서 태후가 낳은 아들은 함풍제의 유일한 아들이었지요.

"내 아들이 황제가 되면 나는 이 나라의 제1인자가 되는 거겠지?"

함풍제가 서른한 살의 젊은 나이로 세상을 떠나자 여섯 살짜리 어린 아들이 황제가 되었어요. 그가 바로 동치제예요. 이때부터 서 태후는 아들 동치제 대신 나라를 좌지우지하며 다스리기 시작했지요.

동치제는 어머니가 자기에게는 관심도 없고 오로지 권력을 차지하는 일에만 욕심을 부린다는 사실을 잘 알고 있었어요. 동치제는 어머니인 서 태후보다 동 태후를 더 믿고 따랐지요. 참, 황제의 궁을 사이에 두고 동쪽에 기거해서 동 태후, 서쪽에 기거해서 서 태후라고 하는 것이랍니다. 동치제가 동 태후를 얼마나 믿고 따랐는지는 황후를 고르는 일에서 잘 드러나요. 동치제는 황후를 뽑을 때도 동 태후 가문의 처자 가운데서 골랐다고 해요. 서 태후는 자기 마음대로 다루기 어려운 명문가의 황후가 마음

봉건 국가 封建國家
천자가 여러 제후에게 토지를 나누어 주어 각자의 지역에서 모든 권한을 가지는 봉건 제도에 따른 국가.

封 봉할 **봉**
建 세울 **건**
國 나라 **국**
家 집 **가**

에 들지 않았어요. 그래서 황제와 황후 사이를 툭하면 이간질하고, 황후를 구박하기 일쑤였대요.

"정치는 어미가 알아서 할 테니 황상은 그저 놀고먹기만 하면 됩니다."

서 태후는 동치제가 직접 정치를 하는 것이 두려웠어요. 자신의 권력이 줄어들까 봐 걱정되었던 거예요. 서 태후는 아들이 정치에 관심을 두지 못하도록 날마다 술을 마시게 하고, 잔치를 열어 흥청망청 지내도록 만들었어요. 결국 동치제는 병에 걸려 죽고 말았지요. 권력에 눈이 먼 서 태후는 자식을 버려서라도 계속 그 권력이 갖고 싶었던 거예요.

"아들이 죽었으니 누구든 그 자리를 대신할 허수아비 황족을 데려와야겠군."

서 태후는 황족 가운데 한 명을 데려와 황제로 만들었어요. 그렇게 황제가 된 광서제는 그리 호락호락한 인물이 아니었어요. 그는 변하는 시대에 맞추어 청나라를 개혁해야 한다고 생각하고, 여러 가지 나랏일들을 추진하기 시작했지요. 그 무렵 중국은 서양 열강들의 침략으로 몸살을 앓고 있었어요. 광서제는 서양 열강에게 맞서려면 그들의 문물을 잘 알아야 한다고 생각했어요. 그래서 개혁 정치를 하려고 했던 거예요.

화가 난 서 태후는 광서제를 자금성의 후미진 곳에 유폐시켜 버렸어요. 그리고 광서제가 죽자 세 살짜리 황족을 황제에 앉혔지요. 그 아이가 바로 바로 청나라 마지막 황제 '부의'랍니다. 그런데 부의가 황위에 오른 지 3년 만에 서 태후가 죽고 말았어요.

서 태후는 나라가 전쟁 중일 때도 사치를 멈추지 않았던 사람이었어요. 중국이 일본과 전쟁 중인데도 함대를 만들 돈을 빼돌려 크고 화려한 연못인 '이화원'을 만들게 하는 등 온갖 사치와 악행을 일삼았지요.

그런 서 태후가 죽을 때 남긴 유언이 아주 유명해요. 서 태후는 죽는 마지막 순간 "다시는 여자가 정치를 못 하게 하라."라고 말했대요. 자신이 권력을 휘두르며 나라를 망친 것에 대한 반성일까요, 아니면 다른 여자가 정치를 하는 것이 질투가 났던 걸까요?

열강 列強
국제적으로 큰 역할을 맡은 몇몇 강한 나라.
列 벌일 열(렬)
強 강할 강

유폐 幽閉
아주 깊이 가두어 둠. 감금.
幽 그윽할, 검을 유
閉 닫을 폐

유언 遺言
죽음에 이르러서 남기는 말.
遺 남길 유
言 말씀 언

4장
일제 강점기에 일본을 지지하고 힘을 얻은 사람들

일제 강점기에 독립을 위해 애쓰는 대신 자신의 부귀영화를 위해
누구보다 앞장서 일본에 충성한 사람들이 있어요. 이러한 사람들의 행적을
나라가 나서서 알리고 처벌해야 하는데 해방 이후에는 이것을 제대로 할 수가 없었어요.
오히려 해방이 되자 친일에 앞장섰던 사람들이 독립을 위해 애쓴 사람들보다
더 큰 권력을 쥐게 되었지요. 이러한 폐단을 바로잡고자 2005년 대통령 소속으로
'대한민국 친일 반민족 행위 진상 규명 위원회'가 설치되었고,
친일 반민족 행위자가 발표되었답니다. 친일 행동을 했지만
범위에서 벗어나거나 증명할 길이 없는 사람은 제외되거나 보류되기도 했지만
어떤 사람이 대한민국 정부가 발표한 친일 반민족 행위자 명단에
올라 있는지, 또 어떤 사람이 친일 인명사전에
올라 있는지 알아볼까요?

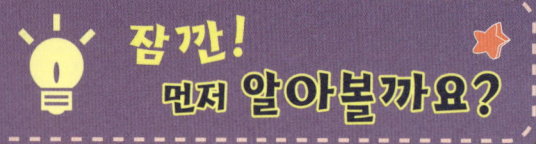

광복 후 우리 나라에서는 일제 강점기 때 친일 행위를 한 사람들에 관련해 몇 개의 특별법을 제정했어요. 그리고 그 특별법에 의거해 위원회를 설치하고 조사 과정을 거쳤지요. 어떤 것들이 있을까요?

1. 반민족 행위 처벌법

정부 수립을 앞두고 1948년 제헌 국회에서 1948~1949년까지 친일 행위를 한 사람들을 처벌하기 위해 마련된 법이에요.

반민족 행위 특별 조사 위원회

'반민족 행위 처벌법'에 의해 설치되었어요. 하지만 친일 세력과 이승만 대통령의 비협조와 방해로 특별한 성과를 이루지 못했어요. 이 일로 친일 세력들은 오히려 면죄부를 얻었고 이들이 한국의 지배 세력으로 성장하는 계기가 되었지요. 그래서 사람들의 가치관에 혼란이 왔고, 이기주의와 부정부패가 넘쳐나는 사회가 되는 결과를 불러왔어요. 줄여서 '반민 특위'라고 해요.

진행 과정

1948년 9월 22일	'반민족 행위 처벌법' 공포
1948년 10월 22일	'반민족 행위 특별 조사 위원회' 설치
1949년 10월	'반민족 행위 특별 조사 위원회' 해체
1951년 2월	'반민족 행위 처벌법' 폐지

2. 일제 강점하 반민족 행위 진상 규명에 관한 특별법

　일제 강점기의 친일 반민족 행위의 진상을 규명하기 위해 제정된 법이에요. 1949년 '반민족 행위 특별 조사 위원회'가 해체된 지 55년 만에 정부 주도로 친일 행위의 진상을 조사하는 길을 열었어요.

대한민국 친일 반민족 행위 진상 규명 위원회

　'일제 강점하 반민족 행위 진상 규명에 관한 특별법' 제2조에 정의한 친일 반민족 행위를 기준으로 일본 제국주의에 적극 협력한 친일 반민족 행위자에 대한 조사를 하기 위해 설치되었어요. 일제 강점기를 1기(1904년 러·일 전쟁~1919년 3·1 운동), 2기(1919년 3·1 운동~1937년 중·일 전쟁), 3기(1937년 중·일 전쟁~1945년 해방)로 나누어 친일 반민족 행위 대상자를 조사했지요. 그리고 3차에 걸쳐 친일 반민족 행위자 명단을 발표했어요.

진행 과정

- **2004년 3월 22일** '일제 강점하 반민족 행위 진상 규명에 관한 특별법' 제정
- **2005년 5월 31일** '대한민국 친일 반민족 행위 진상 규명 위원회' 설치
- **2006년** 제1기 친일 반민족 행위자 106인 명단 발표
- **2007년** 제2기 친일 반민족 행위자 195인 명단 발표
- **2009년** 제3기 친일 반민족 행위자 705인 명단 발표
- **2009년 11월 30일** 위원회 활동 종료

3. 친일 반민족 행위자 재산의 국가 귀속에 관한 특별법

1904년 러·일 전쟁 이후~1945년 광복 이전까지 일본 제국주의에 협력한 대가로 취득하거나 상속받은 재산, 또는 친일 재산임을 알면서 그것을 후손에게 물려주었다면 그 재산은 국가에서 몰수할 수 있다는 내용의 법령이에요.

친일 반민족 행위자 재산 조사 위원회

'친일 반민족 행위자 재산의 국가 귀속에 관한 특별법'에 의거해 설치되었어요. 일본 제국주의의 식민 통치에 협력하고 한민족을 탄압한 반민족 행위자가 그 당시 친일 반민족 행위로 모은 재산을 조사, 선정해서 국가에 귀속할지의 여부를 결정했어요. 하지만 이미 오랜 시간이 지나 친일 재산임을 증명하기가 쉽지 않고 이미 다른 제3자에게 팔린 경우가 많아 국가 귀속이 쉽지 않은 상황이에요. 4년 동안 조사한 친일 반민족 행위자는 모두 168명이고, 친일파의 후손들이 가진 땅 중 여의도 면적의 1.3배에 달하는 토지를 환수했어요.

진행 과정

2005년 12월 29일	'친일 반민족 행위자 재산의 국가 귀속에 관한 특별법' 제정
2006년 7월 13일	대통령 직속 '친일 반민족 행위자 재산 조사 위원회' 설치
2010년 7월 12일	모든 공식 조사 활동 종료
2010년 10월 12일	해산

4. 친일 인명사전

1905년 을사늑약 전후부터 1945년 8월 15일 해방 때까지 일본 제국주의에 적극 협력해 우리 민족이나 다른 민족에게 피해를 준 사람들의 행적을 조사하고 정리해 역사를 공정하게 기록하고 평가하는 데 도움을 주려는 목적으로 2009년 11월 '민족문제연구소'에서 편찬했어요. 이 사전에는 총 4,389명의 친일 행적과 광복 이후의 행적이 담겨 있어요.

을사오적
이완용, 박제순, 이지용, 이근택, 권중현

이완용
1858~1926. 친일 반민족 행위자 명단 등재, 친일 인명사전 등재

일제 강점기 때 많은 지식인과 정치인이 일본 편에 섰어요. 그 가운데에서도 일본과 조선이 1905년 을사조약을 체결할 때 일본 편에서 서명을 주도하거나 서명한 이완용, 박제순, 이지용, 이근택, 권중현을 '을사오적'이라고 하지요. 이들은 대표적인 매국노로 일제로부터 자작, 백작 등의 작위와 많은 돈을 받았어요.

을사오적의 우두머리인 이완용은 1882년 과거에 급제한 조선의 정치인이었어요. 그는 젊었을 때 우리나라 최초의 근대적 공립 학교인 육영 공원에서 영어를 배웠는데, 그 후 외교관이 된 이완용은 미국을 돌아다니며 외국 세력이 얼마나 잘 사는지, 얼마나 발달했는지를 깨달았지요.

이완용은 미국을 찬양하고, 미국의 힘을 빌려야 한다고 주장하는 친미파였어요. 하지만 일본에 의해 명성 황후가 시해된 을미사변 이후 고종이 러시아 공사관으로 대피하자 그 후부터 러시아의 힘을 빌려야 한다고 주장하는 친러파가 되었어요. 또 러·일 전쟁이 일어나고 일본이 러시아를 이길 것 같자 이번엔 친일파로 노선을 바꾸었지요.

친일파가 된 이완용은 일본에 잘 보이기 위해 다른 누구보다 적극적으로 나섰어요. 1905년 을사조약을 맺을 때에도 앞장서서

을사조약 乙巳條約
1905년 을사년에 일본이 조선의 외교권을 박탈하기 위해 조선 정부를 강압해 체결한 조약.

乙 새 **을**
巳 뱀 **사**
條 법규 **조**
約 맺을 **약**

을사오적 乙巳五賊
을사조약이 체결되는 데 앞장선 다섯 명의 매국노.

乙 새 **을**
巳 뱀 **사**
五 다섯 **오**
賊 도둑 **적**

일본에 유리하게 만든 장본인이에요. 일본은 이완용의 주동으로 조약 체결이 이뤄지자 그를 총리대신으로 앉히고 조선을 압박하기 시작했어요. 일제의 앞잡이가 된 이완용은 일제보다 더 악랄하게 조선을 핍박했지요.

고종은 을사조약의 부당함을 알리기 위해 네덜란드의 도시 헤이그에서 열리는 '만국 평화 회의'에 이준, 이상설, 이위종을 특사로 보냈어요. 세계 여러 나라가 모인 자리에서 을사조약이 무효임을 알리려 했던 거예요. 그러나 이 일을 눈치챈 일본의 방해로 회의에 참석하지 못했고 이완용은 고종을 황위에서 끌어내리는 데 앞장섰어요.

이완용은 1909년 이토 히로부미가 중국 하얼빈에서 안중근 의사에게 살해되자 다롄까지 직접 찾아가 조문하기도 했어요. 1910년 한·일 병합 때에는 다른 대신이 한·일 병합 조약을 체결할까 봐 일제에게 먼저 한·일 병합 조약을 제안하기도 했지요. 그렇게 행동한 이유는 한·일 병합 이후 일본으로부터 더 높은 관직과 상금을 받기 위해서였어요. 그래서 사람들은 이완용을 돈을 받고 나라를 팔아먹은 자라며 손가락질하는 것이랍니다.

장본인 張本人
나쁜 일을 일으킨 사람. 일의 근본이 되는 사람.
張 베풀 **장**
本 근본 **본**
人 사람 **인**

주동 主動
어떤 일에 주장이 되어 움직임.
主 임금, 주인 **주**
動 움직일 **동**

조문 弔問
다른 사람의 죽음을 슬퍼하여 상주를 위문함. 또는 그 위문.
弔 위문할, 조상할 **조**
問 물을 **문**

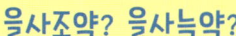

을사조약? 을사늑약?

1905년 을사년에 러시아와의 전쟁에서 승리한 일본이 대한 제국의 외교권을 박탈하기 위해 강제로 체결한 조약을 '을사조약'이라고 한다. 고종 황제의 허락 없이 강제로 맺어진 조약이라 '을사늑약'이라고 한다.
을사조약의 핵심 내용은 조선의 외교권을 박탈한다는 것이다. 조선과 관계를 맺으려면 먼저 일본이 대신 나서서 맺어 주겠다는 것이다. 이것은 우리나라가 일본의 손아귀에 넘어간 것이나 다름없는 조약이었다.

박제순

1858~1916. 친일 반민족 행위자 명단 등재, 친일 인명사전 등재

박제순은 이완용과 함께 을사조약을 이끌었던 을사오적 중 한 명이에요. 박제순은 을사조약을 적극적으로 주도한 사람은 아니지만, 을사조약에 직접 도장을 찍은 사람이에요. 그 당시 박제순은 외부대신이었기 때문에 국가 대표 자격으로 외국과 조약이나 협정을 책임졌지요.

박제순은 처음엔 이 조약에 도장을 찍을 수 없다고 버텼어요. 하지만 얼마 버티지 못하고 결국 도장을 찍고 말았지요.

"나는 잘 모르겠으니 마음대로 하시오."

우리나라를 책임지는 외부대신이 해서는 안 될 무책임한 말을 한 거예요. 박제순의 말을 들은 일본은 그가 찬성하는 것이라 몰아붙였어요. 결국 박제순은 일본 특명 전권 공사였던 하야시와 함께 조약에 도장을 찍고 말았어요. 을사조약이 체결된 후에는 일본의 식민 활동을 적극적으로 후원하면서 점점 강도 높은 매국 활동을 이어 갔지요.

1910년, 박제순은 내부대신을 맡고 있었는데, 이때 이완용과 함께 한·일 병합 조약에 서명했어요. 그리고 일제로부터 자작의 지위와 함께 1,600원을 매년 일본으로부터 받았어요. 당시 1원은 요즘으로 치면 2만6천 원 정도 되는 금액이라고 해요. 그러니까 박제순은 일본으로부터 매년 약 4,000만 원에 달하는 큰돈을 받았던 거예요.

"일본 천황 폐하 만세! 일본이 식민지를 만들기 위해 하는 일

책임 責任
맡아서 해야 할 임무나 의무.
責 꾸짖을 책
任 맡길, 맡을 임

후원 後援
뒤에서 도와줌.
後 뒤 후
援 도울 원

이라면 적극 찬성합니다!"

박제순은 조선 귀족 대표로 한·일 병합 축하 행사에 참여했으며, 국내 신문에 일왕에 대한 충성 서약을 싣는 등 매국 행위를 이어 갔어요. 그리고 일제의 식민지 확산을 지원하기 위해 만든 단체에 큰돈을 기부하는 등 앞장서서 친일 행동을 했지요.

이지용

1870~1928. 친일 반민족 행위자 명단 등재, 친일 인명사전 등재

이지용은 을사오적 중 한 명이자 고종의 조카였어요. 문과에 급제한 후 여러 지역의 관찰사와 주일 공사를 지냈지요. 일본의 발달한 문물을 살펴보기 위해 만들어진 '신사 유람단'의 일원으로 여러 차례 일본에 다녀온 이지용은 일본과 친하게 지내야 한다고 생각했어요.

이지용은 누구보다 앞장서서 큰일이든, 작은 일이든 사사건건 일본의 편을 들어가며 매국 행위를 벌였어요. 그 대가로 큰돈을 받았지요.

"에헴, 을사조약에 찬성한 것은 이 나라를 위한 일이었어. 내가 아니면 누가 나라를 위해 그런 큰일을 하겠어."

이 말을 전해 들은 백성들이 분노하여, 이지용의 집에 불을 지르기도 했어요.

이지용은 일본으로부터 '백작' 작위와 큰돈을 상금으로 받았어요. 그리고 매년 1,600원의 수당을 받았지요. 하지만 이지용

서약 誓約
맹세하고 약속함.
誓 맹세할 **서**
約 맺을 **약**

일원 一員
어떤 단체에 소속된 한 구성원.
一 한 **일**
員 인원 **원**

은 그 큰돈을 얼마 지나지 않아 몽땅 써 버렸어요. 도박을 좋아했던 이지용은 하룻밤에 2만 원 정도(요즘 돈으로 4억 정도)의 돈을 탕진할 정도였어요. 나중에는 자신의 집까지 도박 빚으로 팔아넘길 정도였지요.

"이지용에게 준 백작 지위를 도로 가져오도록 하시오."

일본은 도박죄를 물어 이지용에게 주었던 귀족의 권한을 도로 가져갔어요. 그동안 누리던 특권을 빼앗길 수 없었던 이지용은 일본에 사정했지요.

"제가 앞장서서 조선 물산 공진회에 큰돈을 기부하겠습니다. 저에게 백작 작위만큼은 남겨 주십시오."

조선 물산 공진회는 일제가 한·일 병합 5주년을 기념해 1915년 9월 11일부터 10월 30일까지 경복궁에서 전국의 물품을 수집해서 전시한 대대적인 박람회였어요. 이것은 일제가 조선과 병합한 후 조선이 얼마나 발전했는지 과시하기 위한 것이었지요. 이 박람회를 열기 위해 일제는 경복궁을 마구 훼손하기까지 했어요. 이지용은 이런 박람회에 앞장서서 큰돈을 기부하고 백작 지위를 회복할 수 있었지요.

그 후 이지용은 고종이 죽은 뒤 일본의 앞잡이가 되어 더욱 활발한 친일 행위를 했어요. 일본은 그런 이지용에게 매년 큰돈을 주고 귀족 대우를 해 주었지요. 이지용은 그런 일본을 위해 죽을 때까지 같은 민족을 괴롭히며 충성을 바쳤어요.

이지용의 부인 역시 다른 친일 인사들의 부인들과 어울려 친일 부인회를 이끌며 방탕한 생활을 해 사람들의 손가락질을 받았다고 해요.

탕진 蕩盡
재물 따위를 전부 다 써서 없앰.
蕩 방탕할 탕
盡 다할 진

기부 寄附
공공 단체 등에 돈이나 물건 따위를 대가 없이 내놓음.
寄 부칠 기
附 붙을 부

박람회 博覽會
농·상·공업에 관한 온갖 물품을 진열해 놓고 여러 사람에게 판매, 선전, 심사하는 전람회.
博 넓을 박
覽 볼 람(남)
會 모일 회

이근택

1865~1919. 친일 반민족 행위자 명단 등재, 친일 인명사전 등재

1895년 명성 황후 시해 사건이 일어나자, 조선의 백성들은 일본을 좋지 않게 생각하기 시작했어요. 억울하게 아내를 잃은 고종 역시 러시아의 힘을 빌려서라도 일본을 조선에서 내쫓으려 했지요.

"러시아가 일본보다 훨씬 크고 강한 나라이니 충분히 막아 낼 수 있을 것이오. 경들의 생각은 어떠하오?"

고종이 묻자 신하들은 일본을 지지하는 친일파와 러시아를 지지하는 친러파로 나뉘어 옥신각신 다투었어요. 이때 친러파들은 대부분 러시아와 일본 사이에서 중립을 지키며 조선의 독립을 지켜야 한다고 생각했어요.

이근택은 이때까지만 하더라도 대표적인 친러파 대신이었어요. 1882년, 임오군란이 일어나 명성 황후가 충주로 피난을 갔을 때 잘 지낼 수 있도록 보살펴 주기도 했지요. 이때의 일로 이근택은 고종은 물론 명성 황후와도 특별한 관계를 갖게 되었어요.

"이근택만 우리 편으로 끌어들이면 조선의 대신들을 회유하는 건 시간 문제일 것이오."

"저 자를 어떻게 우리 편으로 끌어들인담."

일본은 대한 제국에 대한 영향력을 높이기 위해 친러파 대신들을 협박하기도 하고 돈으로 매수하기도 했어요. 이근택도 회유의 대상이었는데 강경한 친러파였던 이근택은 러·일 전쟁에서

시해 弑害
부모나 임금을 죽이는 일.
弑 윗사람 죽일 **시**
害 해할 **해**

회유 懷柔
어르고 달래서 시키는 말을 듣도록 함.
懷 품을 **회**
柔 부드러울 **유**

매수 買收
금품 등으로 남을 꾀어서 자기편으로 만드는 일.
買 살 **매**
收 거둘 **수**

점차 일본이 유리해지는 것을 보고, 일본 쪽으로 마음이 기울게 되었어요.

"우리가 러시아에 충성했었다는 것 때문에 일본 정부에서 싫어할 수도 있어."

"어떻게든 더 열심히 충성을 보이자고."

이근택은 누구보다 적극적으로 을사조약을 체결하는 데 도움을 주었어요. 이토 히로부미의 양자가 되어 일본 사람처럼 꾸미고 행동하며, 완벽한 일본인 앞잡이가 되었을 정도였지요.

이근택은 한·일 병합 공로를 인정받아 일본으로부터 각종 훈장과 '자작' 작위를 받았고 매년 1,600원의 돈을 받았어요. 이근택은 조선을 버리고 일본에 충성한 대표적인 매국노로 손꼽히고 있어요.

공로 功勞
어떤 일을 이루는 데 들인 노력이나 수고.

功 공 공
勞 일할 로(노)

을미사변이란?

1895년(고종 32년) 을미년에 일본 자객들이 경복궁을 습격하여 명성 황후를 죽인 사건을 을미사변이라고 한다. 일본 자객들은 새벽에 궁궐에 침입해 명성 황후를 잔인하게 살해하고 시체에 불을 질러 훼손하기까지 했다. 일본이 을미사변을 일으킨 것은 명성 황후가 러시아의 힘을 빌려 일본을 내쫓으려 했기 때문이다. 1894년 갑오개혁을 계기로 조선 내정에 간섭하게 된 일본은 자신들의 계획에 방해가 된다는 이유로 궁을 침범해 한 나라의 국모인 명성 황후를 끔찍하게 살해했다.

권중현

1854~1934. 친일 반민족 행위자 명단 등재, 친일 인명사전 등재

　을사오적 중에서도 권중현은 일제의 개화와 문화에 빠져 일제 편을 든 사람이었어요. 양반 가문의 서자 출신으로 어렸을 때부터 일본어를 배웠다고 해요. 그의 뛰어난 실력을 알아본 조정에서는 여러 차례 일본으로 파견해 신문물을 알아보고 오도록 했어요.

　"조선은 결코 일본을 이길 수 없어! 우리는 일본의 문물을 보고 배워야만 해. 오로지 일본만이 뒤떨어진 우리 조선을 이끌어 줄 수 있어."

　권중현은 일본에 대한 사대주의에 젖어 조선을 무시했어요. 원래 사대란 '큰 것을 섬긴다.'는 뜻이에요. 국가의 대외 관계에서는 다른 나라를 무조건 따르고 의지할 때 그것을 바로 사대주의라고 하지요.

　권중현은 1904년 러·일 전쟁 때에는 일본군을 위문하기 위한 사신이 되어 만주를 돌아다니기도 했어요. 그 후 1905년 을사조약이 체결되자 두 손을 번쩍 들고 조약 체결을 반겼지요. 그 모습을 본 애국지사들은 권중현을 용서할 수 없다며 그에게 본때를 보여 주자고 했어요.

　"권중현부터 손봐야 합니다. 그 자는 신문명을 받아들인다는 구실로 일본을 이 땅에 끌어들인 파렴치한입니다."

　애국지사들은 권중현을 을사오적으로 삼고, 암살하려고 했어요. 목숨이 위험하다고 느낀 권중현은 항상 일본 순사를 여러

개화 開化
사람의 지혜가 열리고 새로운 사상, 문물, 제도 따위를 받아들여 발달함.
開 열 개
化 될 화

사대주의 事大主義
자주성이 없어 세력이 강한 나라나 사람을 받드는 태도.
事 일 사
大 클, 큰 대
主 임금, 주인 주
義 옳을 의

파렴치한 破廉恥漢
체면이나 부끄러움을 모르는 뻔뻔한 사람.
破 깨뜨릴 파
廉 청렴할, 살필 렴(염)
恥 부끄러울 치
漢 한수, 한나라 한

순사 巡査
일제 강점기 때 경찰관의 가장 낮은 계급. 또는 그 계급의 사람. 지금의 순경.
巡 돌, 순행할 순
査 조사할 사

명 데리고 다녔지요. 일본 순사들의 보호 덕분에 그는 암살단의 습격에도 무사할 수 있었어요.

1910년 조선이 일제에 강제 병합된 후 권중현은 일제로부터 '자작'의 작위와 중추원 고문이라는 자리를 받았어요. 또 매년 1,600원의 돈을 받고, 1928년에는 천황 즉위 기념 대례 기념장을 받기도 했어요. 수많은 독립투사들을 잡아들이고 조선 민족을 괴롭힌 권중현은 그 공을 인정받아 1929년 다시 중추원의 고문에 임명되었고 1934년 사망할 때까지 매년 일본으로부터 3,000원의 돈을 받았어요.

많은 애국지사들이 잃어버린 나라를 되찾기 위해 목숨 걸고 독립운동을 할 때 권중현은 일제로부터 받은 큰돈을 흥청망청 돈을 쓰며 일생을 보냈다고 해요.

민영휘

1852~1935. 친일 반민족 행위자 명단 등재, 친일 인명사전 등재

민영휘는 구한말에는 탐관오리로 백성들을 괴롭혔고, 을사조약이 체결된 후에는 친일파가 되어 나라에 큰 해를 끼진 사람이에요.

민영휘는 명성 황후의 먼 친척이에요. 민영휘는 일본이 조선을 호시탐탐 넘보기 전까지만 하더라도 툭하면 청나라를 끌어들여 문제를 해결하려 했어요. 1884년 김옥균을 비롯한 급진 개화파가 개화사상을 바탕으로 조선의 자주독립과 근대화를 목표로 정변을 일으키자 청나라 군대를 끌어들이기도 했지요.

"에헴, 내가 누군지 모르느냐? 내 아비가 왕비의 친척 오라비이니라."

민영휘는 관직에 있으면서 명성 황후와 한 집안이라는 점을 이용해 온갖 비리를 저질렀어요. 자신의 직위를 이용해 돈을 받고 관직을 팔기도 하고, 백성들의 땅을 강제로 빼앗기도 했지요. 민영휘가 백성들에게 강제로 빼앗은 땅이 수만 평에 이르러서 한 해에 무려 10만 석 이상의 곡식을 추수할 정도였다고 해요.

"비록 민비가 일본 놈들의 손에 시해를 당한 건 안타깝지만 일본이 아니면 누가 이 나라를 지켜 주겠나? 나는 무조건 일본 편을 들 것이네."

명성 황후가 시해되자 민영휘는 정치를 그만두고 기업가가 되었어요. 그는 누구보다 일본을 미워해야 할 사람이었지만, 앞장서서 일본인들을 도왔지요. 자신이 탐관오리가 되어 모은 재산을

구한말 舊韓末
조선 말기부터 대한 제국까지의 시기.
舊 옛 **구**
韓 나라 **한**
末 끝 **말**

자주독립 自主獨立
국가 따위가 다른 나라의 간섭을 받거나 다른 나라에 의존하지 않고 자주권을 행사하는 일.
自 스스로 **자**
主 임금, 주인 **주**
獨 홀로 **독**
立 설 **립(입)**

근대화 近代化
인간성, 합리성을 존중하는 근대적인 상태가 됨. 또는 그렇게 함.
近 가까울 **근**
代 시대 **대**
化 될 **화**

비리 非理
올바른 이치나 도리에서 어그러진 일.
非 아닐, 비방할 **비**
理 다스릴 **리(이)**

지키려면 일본의 보호가 필요했던 거예요.

1910년 한·일 병합이 발표된 후 민영휘는 일제로부터 '자작'이라는 작위를 받고, 5만 원(지금 돈으로 십수 억에 달하는 돈)이라는 큰돈을 받았어요. 또 일본의 도움으로 여러 개의 회사와 은행, '휘문 의숙'이라는 사학을 세우기까지 했어요. 덕분에 민영휘는 막대한 재산을 모아 조선 최고의 갑부가 되었지요.

송병준

1858~1925. 친일 반민족 행위자 명단 등재, 친일 인명사전 등재

일제 강점기를 대표하는 친일파인 송병준은 어린 시절 집이 가난해서 제대로 입고, 먹을 수가 없었어요. 무작정 서울로 올라와 명성 황후의 오빠인 민영환의 집에 머물며 과거 시험을 준비했지요. 그 후 벼슬을 하게 된 송병준은 갑신정변 때 일본으로 도망친 김옥균을 붙잡기 위해 일본으로 쫓아갔어요. 그런데 일본의 새로운 문물을 보게 된 송병준 역시 김옥균처럼 개화사상을 받아들여야 한다는 주장을 하기 시작했어요.

"어허, 죄인을 잡아 오라고 시켰더니 도리어 죄인과 똑같은 주장을 하고 있군!"

민영환은 크게 실망하여 송병준을 나무랐어요. 하지만 송병준의 마음은 바뀌지 않았지요. 송병준은 마음 속으로 일본을 믿고 따라야지만 조선이 살 수 있다고 생각했어요. 친일 사대주의에 물들었던 것이지요.

송병준이 본격적인 친일 행위를 하기 시작한 것은 러·일 전쟁 때 일본군의 통역관이 되어 전쟁에 참여하면서부터였어요.

"조선은 일본과 합병을 해야 잘 살 수 있소!"

"그게 이 나라 벼슬아치가 할 소린가! 일본을 물리치고 우리 힘으로 잘 살 궁리를 해야지!"

사람들은 그를 크게 나무랐지만 송병준의 생각은 바뀌지 않았어요. 송병준은 일본이 자신에게 돈만 챙겨 준다면 앞장서서 나라를 합병시키겠다고 큰소리치고 다닐 정도였어요.

문물 文物
정치, 경제, 종교, 예술, 법률 따위의 문화에 관한 모든 것을 통틀어 이르는 말.
文 글월 **문**
物 물건 **물**

통역관 通譯官
말이 통하지 않는 사람 사이에서 뜻이 통하도록 말을 전해 주는 일을 하는 관리.
通 통할 **통**
譯 번역할 **역**
官 벼슬 **관**

"1억 엔만 주면 내가 조선을 일본의 확실한 속국으로 만들어 놓겠소!"

일본은 그런 송병준을 매우 아꼈지요.

송병준은 일본의 힘을 믿고 안하무인으로 행동하기 일쑤였어요. 고종 앞에서도 무례한 행동을 서슴지 않았지요. 고종은 을사조약의 부당함과 조선이 독립국임을 전 세계에 알리기 위해 1907년 네덜란드 헤이그에서 열리는 '만국 평화 회의'에 이준, 이상설, 이위종을 특사로 파견했어요. 그러나 이를 눈치챈 일제의 방해로 이들은 회의장에 들어가지도 못했지요. 이준은 헤이그에서 병을 얻어 죽음을 맞이했고 이위종과 이상설은 중국과 러시아 일대를 떠돌며 독립운동을 이어 나갔어요.

고종이 헤이그로 특사를 보냈다는 사실이 알려지자, 송병준은 칼을 차고 황실로 들어가 칼을 휘두르며 협박하기도 했어요.

"네 이놈, 감히 이 나라의 황제에게 칼을 겨누다니!"

"감히 일본 몰래 헤이그로 특사를 파견하다니, 이 일을 그냥 넘어가지 않을 것입니다!"

송병준은 이 일을 빌미로 고종을 퇴위시키고 순종을 새 황제로 올리는 데 앞장섰어요.

이렇듯 일본을 위해 앞장섰던 송병준은 한·일 병합 이후 '자작'의 작위와 큰돈을 선물로 받았어요. 그리고 홋카이도에 있는 목장도 선물받았지요.

안하무인 眼下無人
눈 아래에 사람이 없다는 뜻으로, 방자하고 교만하여 다른 사람을 업신여김을 이르는 말.

眼 눈 **안**
下 아래 **하**
無 없을 **무**
人 사람 **인**

특사 特使
나라를 대표해 특별한 임무를 띠고 파견하는 사람.

特 특별할 **특**
使 하여금, 부릴 **사**

이용구

1868~1912. 친일 반민족 행위자 명단 등재, 친일 인명사전 등재

1900년대에는 조선을 개혁해야 한다고 주장하는 개혁주의 단체가 여러 개 생겨났어요. 이 단체들은 대부분 일제의 지원을 받아 만들어진 친일 단체들이었지요. 주로 일본을 위해 정보를 탐색하거나 밀정을 지원하는 일을 했어요.

원래 이용구가 이끄는 진보회는 일제의 지원을 받은 것이 아니라 동학 교도들이 중심이 되어 운영된 민족주의 개화 운동 단체였어요. 사람들은 진보회를 응원하고 지지했지요. 하지만 이 사실을 알게 된 송병준은 진보회를 이용해 친일 행위를 하기로 마음먹었어요.

"우리를 도와준다면 자네가 평생 놀고먹어도 될 만큼 넉넉한 돈을 주지."

이용구는 송병준의 끈질긴 회유에 결국 넘어가고 말았어요. 송병준은 자신이 만든 유신회를 일진회로 개명한 뒤 이용구가 이끌던 진보회를 흡수하고 이용구를 회장에 앉혔어요. 그러고 나서 이들은 본격적인 친일 행각을 벌이기 시작했어요.

이용구가 주로 한 일은 조선에 관한 주요 사항들을 염탐해 오도록 은밀히 스파이를 보내거나 러시아의 움직임을 살피기 위해 러시아에 철도 공사 인부로 위장한 밀정을 보내는 일 따위였어요. 이 사실을 알게 된 동학 3대 교주 손병희는 이용구와 관계를 끊고 동학을 계승한 천도교를 창건했지요.

"흥, 나를 막아 봤자 소용없어. 이미 이 나라 조선은 일본의

밀정 密偵
남 몰래 사정을 살핌. 또는 그런 사람.
密 빽빽할 밀
偵 염탐할 정

동학 東學
최제우가 세상과 백성을 구제하려는 뜻으로 창시한 민족 종교. 인내천 사상을 기본 교리로 삼았음.
東 동녘 동
學 배울 학

염탐 廉探
몰래 남의 사정을 살피고 조사함.
廉 살필 염(렴)
探 찾을 탐

천도교 天道敎
최제우가 만든 '동학'을 제3대 교주인 손병희가 바꾼 이름.
天 하늘 천
道 길 도
敎 가르칠 교

손에 넘어갔다고."

을사조약 이후 일진회는 노골적인 친일 행위를 하기 시작했고 이용구의 친일 행위는 아예 절정에 달했지요. 이용구는 일진회 회원을 동원하여 고종을 퇴위시키라는 시위를 열기도 하고, 자위단이라는 군대를 조직하여 독립운동을 하는 의병들을 앞장서 물리치기도 했어요.

"여러분, 여러분이 잘못 알고 있는데 한·일 병합은 강압에 의한 것이 아니라 조선 국민들이 원해서 이루어지는 것입니다. 우리는 모두 일본에 감사해야 합니다. 우리나라를 잘 살게 만들어 주는 고마운 나라니까요!"

이용구는 사람들에게 한·일 병합이 옳은 일이라고 연설을 하며 다녔어요. 이러한 행동은 모두 일본의 지원을 받아 한 것이었지요. 1910년 한·일 병합 조약이 체결되자 일본은 일진회를 해산시켜도 좋다며 해산료 5,000원을 주었어요. 또 이용구에게 따로 은사금 10만 원을 주었지요. 그러나 이 돈은 이용구의 성에 차지 않았어요. 그는 원래 300만 원의 보상금을 받은 뒤 만주로 도망갈 계획이었는데, 일본이 10만 원밖에 주지 않았기 때문에 꿈이 물거품이 되고 말았던 거예요.

"이게 뭡니까? 나에게 원래 300만 원을 주기로 해 놓고 겨우 10만 원만 주다니, 이게 말이 됩니까?"

"그 돈이라도 받고 싶으면 잠자코 있는 게 좋을 거요."

약속한 돈을 받기는커녕 사람들의 질타를 받던 이용구는 일본의 배신에 시름시름 앓다가 40대 초반의 젊은 나이에 죽고 말았어요.

보상금 報償金
어떤 것에 대한 대가로 내놓는 돈.

報 갚을 **보**
償 갚을 **상**
金 쇠 **금**

민병석

1858~1940. 친일 반민족 행위자 명단 등재

민병석은 조선의 농상공부 대신, 군부대신, 궁내부 대신, 자작, 이왕직 장관, 중추원 부의장 등 크고 작은 관직을 두루 역임한 고위 관료였어요. 1891년 벼슬을 얻어 평안도로 가게 된 민병석은 1894년 청·일 전쟁이 벌어지자 평양으로 쳐들어온 청나라 군대를 도와 일본군을 내쫓는 데 앞장섰어요. 그러나 청나라의 승리일 줄 알았던 청·일 전쟁은 예상을 빗나가 일본의 승리로 끝이 났지요. 이 일로 일본군에게 붙잡혀 유배를 가게 된 민병석은 일본의 편에 서서 온갖 일에 앞장섰어요. 그 덕분에 다시 벼슬에 복귀할 수 있게 되었고 1898년 군부대신이 되기까지 했지요.

민병석은 일본 특파 대사인 이토 히로부미를 직접 만나 충성을 맹세하고 대동 학회를 설립했어요. 대동 학회는 1907년 2월, 신학문을 연구한다는 목적으로 이토 히로부미의 후원을 받아 설립된 단체예요.

"특파 대사인 이토께서 대동 학회를 만들라고 무려 2만 원이나 내어 주셨다네. 우리를 위해 이렇게까지 배려해 주신 천황 폐하의 은혜를 절대 잊어서는 안 될 것일세."

민병석은 대동 학회의 고문이 되어 적극적으로 활동하고, 1907년 3월에는 대동 문우회를 만들어 지식인들을 끌어모으는 일에 앞장섰어요. 1909년 이토 히로부미가 안중근에게 저격당하자 장례식에 조문 사절로 참석하기도 했지요.

민병석의 친일 행위는 1910년 한·일 병합으로 국권을 강탈당한 뒤 더욱 심각해졌어요. 그는 일본에서 조선과 타이완을 식민지로 만들기 위해 만든 동양 협회라는 단체에 100원을 기부하고, 일본 적십자사 특별 사원이 되었어요. 또 궁내부 대신이라는 직위를 이용해서 1910년 6월 한국의 경찰권을 일본에 모조리 넘긴다는 내용의 각서까지 썼지요. 이 사실을 알게 된 사람들은 민병석을 '경술 국적(경술년에 국가의 치욕을 준 적)'이라 하여 손가락질했지만 그는 아랑곳하지 않았어요. 오히려 더욱 적극적으로 친일 활동을 해 '자작'의 작위와 은사금까지 받았지요.

1911년 2월부터 1919년 10월까지 제1대 이왕직 장관 겸 직원 징계 위원으로 임명되었고, 순종을 대신해 일본 천황과 황실, 정부의 경조사를 챙기겠다며 앞장서서 크고 작은 행사를 열기도 했어요. 이왕직은 일제 강점기에 조선 총독부에서 이왕가와 관련된 사무를 담당하던 기구예요. 메이지 천황의 장례식 때는 의친왕 이강을 데리고 장례식에 참석해 비굴할 정도로 충성스러운 모습을 보이기까지 했지요.

민병석은 1919년 대한 제국 마지막 황태자인 영친왕 이은과 일본 황족인 나시모토노미야 마사코(이방자)의 혼인을 축하하는 글을 발표하는 등 일본에 온갖 아첨을 일삼았어요. 덕분에 그의 재산은 날이 갈수록 불어났지요. 민병석의 재산은 30만 원이 넘었다고 하는데, 요즘 돈으로 환산하면 수십 억에 달해요. 이 재산을 모으기 위해 민병석은 민족의 피와 땀을 쥐어짜 일본에 바치는 데 앞장섰던 것이지요.

민병석은 조선의 정치인으로 백성을 돌보기보다는 일본에 아첨하고 자신의 부귀영화를 위해 노력했던 대표적인 친일 정치가였어요. 1935년 조선 총독부가 편찬한 『조선 공로자 명감』에 오른 조선인 공로자 353명 중 한 명이지요.

비굴 卑屈
용기나 줏대가 없이 남에게 굽히기 쉬움.
卑 낮을 **비**
屈 굽힐 **굴**

부귀영화 富貴榮華
재산이 많고 지위가 높으며 귀하게 되어서 세상에 드러나 온갖 영광을 누림.
富 부유할 **부**
貴 귀할 **귀**
榮 영화 **영**
華 빛날 **화**

박영효

1861~1939. 친일 반민족 행위자 명단 등재, 친일 인명사전 등재

박영효는 조선 말기의 개화파 정치인이었어요. 1884년 세상을 바꾸고자 일으켰던 갑신정변이 3일 만에 실패로 돌아가는 바람에 일본으로 망명을 떠나야만 했지요.

1894년에 일어난 동학 농민 운동으로 인해 청·일 전쟁이 일어나 나라가 어수선한 틈을 타 박영효는 일본의 도움을 받아 조선으로 돌아왔고 내부대신이라는 벼슬을 얻었어요. 박영효는 지방 제도를 바꾸고 경찰과 군대를 새로 만드는 등 나라를 위한 여러 가지 개혁을 시도했지요. 그러나 1895년 7월 일본의 배신으로 누명을 쓰고 다시 일본으로 망명해야만 했어요.

"썩어빠진 이 나라를 바꾸려면 왕도, 왕비도 바꿔야만 해!"

일본에 숨어서 때를 기다리던 박영효는 1900년 고종을 퇴위시키고 의친왕 이강을 새로운 황제로 만들고자 했지만 실패해 다시 쫓기는 신세가 되었어요. 1907년에는 일제가 헤이그 특사 사건을 빌미로 고종에게 강제로 황제 자리를 순종에게 양위시키려 하자 반대하다가 유배를 가기도 했지요. 그런데 그 후 박영효의 행동이 달라지기 시작했어요.

박영효는 강제 한·일 병합 후 일제가 내린 '후작' 작위를 받고 상금으로 은사금 28만 원을 받기도 했어요. 조선 귀족회 회장이 되어 일본으로부터 작위를 받은 귀족과 대신들의 힘을 하나로 합쳐 일본에 충성심을 보이는 일에 앞장섰으며, 1913년 조선 무역 주식회사를 설립해 조선의 무역 이권을 독차지하고, 그렇

실패 失敗
일을 잘못하여 뜻한 대로 되지 않거나 그르침.
失 잃을 실
敗 패할 패

신세 身世
다른 사람에게 도움을 받거나 폐를 끼치는 일.
身 몸 신
世 인간 세

게 해서 벌어들인 돈 200원을 귀족 대표로 일본에 헌납했어요. 박영효의 친일 행적은 여기서 끝이 아니었어요. 1915년 1월 조선 총독부의 조선 물산 공진회 경성 협찬회 발기인으로 참여하고, 250원을 기부하는가 하면 다이쇼 천황 즉위 기념 때에는 일제로부터 대례 기념장까지 받았지요.

1921년 4월 중추원의 친임관 대우 고문이라는 자리에 임명되었는데, 이 자리에서 일본의 정책을 앞장서 펼친 대가로 매년 3,000원의 돈을 받기까지 했어요. 그 후부터 죽기 직전인 1938년까지 온갖 친일 단체의 주요 직책을 맡았고, 백성들의 돈을 끌어모아 일본에 헌납하는 등 친일 활동에 앞장섰지요.

한때 나라를 자주독립 국가로 바꾸고자 노력했던 개혁가 박영효는 일본에 굴복하고, 그도 모자라 자신이 앞장서 민족의 피땀 어린 돈을 끌어모아 일본에 바치는 데 앞장섰던 거예요. 이러한 행적은 '일제 강점하 반민족 행위 진상 규명에 관한 특별법'에 따라 친일 반민족 행위로 기록되었답니다.

발기인 發起人
남보다 앞장서서 새로운 일을 꾸며 그 방안을 마련하는 사람.

發 필**발**
起 일어날 **기**
人 사람 **인**

현재의 태극기를 박영효가 만들었다고?

박영효는 처음에는 나라를 위한 일에 앞장섰던 사람이었다. 1882년 임오군란을 수습하기 위해 고종의 명을 받아 수신사 자격으로 일본에 가게 되었을 때 배 안에서 태극 문양 둘레에 건곤감리를 그려 넣은 태극기를 만들었다. 원래 태극기는 고종이 처음 만들었는데 지금의 태극기처럼 건곤감리 4괘가 아니라 8괘가 있었다. 그런데 박영효가 8괘를 건곤감리 4괘로 바꾸면서 오늘날 태극기의 기초가 되었다.

이인직

1862~1916. 친일 반민족 행위자 명단 등재, 친일 인명사전 등재

이인직은 우리나라 최초의 신소설 「혈의 누」를 쓴 문학가예요. 당시 문학가들은 대부분 조선의 지식인들이었어요.

일제 강점기 초기만 하더라도 문학가들은 일본의 탄압에도 흔들리지 않고 끝까지 독립운동을 한 사람이 많았어요. 그런데 일제 말기에 이르러 더 이상 버티지 못하고 하나 둘 친일로 돌아서기 시작했지요. 그러나 이인직은 일찍부터 친일 문학 활동을 했어요.

이인직은 원래 관비 유학생으로 선발되어 일본 도쿄에서 공부할 기회를 얻은 학생이었어요. 도쿄 정치 학교를 다녔는데, 이곳에서 친일파인 조중응을 만났어요.

"큰일났네! 민비가 죽고 나서 황제가 러시아 공사관으로 도망 갔어. 러시아가 나서서 우리를 방해하면 큰일인데!"

1895년 명성 황후가 시해된 을미사변 이후 일본군의 무자비한 공격에 신변에 위협을 느낀 고종과 왕세자가 1896년 러시아 공사관으로 옮겨 간 사건을 '아관 파천'이라고 해요. 이때 대부분의 친일파들이 러시아 세력에 의해 밀려나게 되었지요. 조중응은 바로 이때 일본으로 망명해 온 사람이었어요.

조중응은 이인직에게 을사오적 중 한 사람인 이완용을 소개해 주었어요. 이인직은 이완용의 밀사가 되어 조선과 일본을 오가며 한·일 병합이 빨리 이루어질 수 있도록 도왔어요. 그 후 조선으로 돌아온 이인직은 친일 단체인 일진회의 기관지인 『국민신

관비 官費
관청에서 내는 비용.
官 벼슬 관
費 쓸 비

신변 身邊
몸과 몸의 주위.
身 몸 신
邊 가 변

아관 파천 俄館播遷
을미사변 후인 1896년 1월 11일부터 약 1년간 고종과 세자가 러시아 공관으로 옮겨서 거처한 사건.
俄 아까, 러시아 아
館 집, 관사 관
播 옮길 파
遷 옮길 천

보』와 손병희가 민족 운동의 일환으로 만든 『만세보』 등에서 주필로 일하며 소설을 발표했어요. 그가 쓴 소설 「혈의누」, 「귀의 성」 등은 근대 문학의 틀을 갖춘 최초의 소설로 평가받아요. 이인직이 우리나라 문학사에 남긴 업적은 큰 것이지만 그렇다고 해서 그의 친일 행동이 정당화될 수는 없어요.

이인직은 죽기 몇 해 전 경학원의 사성이란 직위를 얻었어요. 경학원은 조선 시대 최고의 국립 교육 기관인 성균관의 또 다른 이름이에요.

"이보게, 일본을 무턱대고 욕할 것이 아니라 그들이 얼마나 우수한 민족인지 제대로 알아야 하네."

이인직은 전국의 유림들을 찾아다니며 일본을 위해 일하도록 설득하고, 일본을 찬양하는 일을 했어요.

주필 主筆
신문사나 잡지사에서 행정이나 편집을 책임지는 사람. 또는 그런 직위.
主 임금, 주인 **주**
筆 붓 **필**

유림 儒林
유학을 익히는 학자들.
儒 선비 **유**
林 수풀 **림(임)**

장지연

1864~1921. 친일 인명사전 등재

1905년, 우리나라에 큰일이 벌어졌어요. 일본이 강제 조약을 맺어 조선의 외교권을 빼앗아 갔던 거예요. 많은 사람들은 일본과 부당하게 체결된 을사조약이 무효라고 주장했어요. 그런데 이 억울한 사실을 신문에 알린 사람이 있었지요. 바로 장지연이에요.

청년 시절, 장지연은 명성 황후가 일본 자객들에게 시해된 것을 알고 분해서 참을 수가 없었어요. 이 사건을 '을미사변'이라고 하는데, 장지연은 의병을 일으켜 일본을 몰아내자는 내용의 벽보를 써서 사방에 붙였어요. 그것을 통해 백성들도 억울하게 죽은 명성 황후에 대해 알 수 있었지요.

을사조약이 체결되자 장지연은 이번에는 『황성신문』에 「시일야방성대곡」이라는 글을 썼어요. 시일야방성대곡의 뜻은 '이 날을 목 놓아 통탄하라.'라는 뜻이에요. 이 글을 발표하고 나서 『황성신문』은 석 달간 신문을 낼 수 없었어요. 장지연은 헌병대에 체포되어 감옥에 갇혔고요.

장지연은 대한 자강회 등 구국 단체 운동을 계속했고, 일제의 탄압 때문에 블라디보스토크로 망명까지 가야 했어요. 사람들은 장지연을 민족의 목소리를 대신해 주는 논객, 지식인으로 우러러보았지요. 해방 이후 장지연은 언론인으로서 애국 활동의 공로를 인정받아 국가 훈장을 받기도 했어요.

그런데 2011년, 한국 근현대사의 쟁점과 과제를 연구하고 한·일 과거사 청산을 통해 역사를 바로잡기 위해 설립된 '반민족문제연구소'에서 장지연에게 수여한 훈장을 취소해야 한다고 탄원했어요. 그도 그럴 것이 장지연이 1914년부터 1918년 사이에 했던 친일 행적이 발견되었던 거예요.

장지연은 이 시기 『매일신보』라는 신문에 일제의 사상에 찬성해야 한다는 사설을 싣고, 일본이 아시아를 지배하는 것이 옳다는 내용의 원고를 싣는 등 친일 성향의 글 700여 편을 실었어요. 『매일신보』는 일본이 조선을 관리하기 위해 세운 기관인 조선 총독부에서 발행하는 신문이었지요.

장지연도 초심을 지키지 못하고 친일 변절자가 되었던 거예요. 끝까지 절개를 지키지 못한 장지연의 행동 때문에 결국 역사는 그를 '변절자', '친일파'로 기억하게 되었지요.

변절자 變節者
절개나 지조를 지키지 않고 그 마음을 바꾼 사람.
變 변할 변
節 마디 절
者 사람 자

윤치호

1865~1945. 친일 반민족 행위자 명단 등재, 친일 인명사전 등재

한·일 병합이 이루어지자 조선의 지식인들은 크게 반대했어요. 그러자 일본은 온갖 수단과 방법을 동원해 지식인들을 회유했지요. 더러는 강압적인 방법으로 협박을 하기도 했어요. 이로 인해서 조선의 지식인들 가운데 일부는 뜻을 꺾고 일본을 옹호하는 친일파가 되었어요. 그런 지식인 가운데에는 독립 협회 회장이자,『독립신문』의 주필이기도 했던 윤치호도 포함되어 있었지요.

윤치호는 우리나라 최초의 일본 유학생이었어요. 유학 후 개화사상에 일찍 눈을 뜬 윤치호는 개화파였어요. 1884년 김옥균과 박영호가 갑신정변을 일으켰다가 실패로 끝나자 신변의 위협을 느낀 윤치호도 일본과 중국을 거쳐 미국으로 망명했지요.

윤치호도 망명 중에 서재필 박사 등과 함께 독립 협회를 만들었으며, 조국을 부강하게 만들기 위한 개혁 운동에도 앞장섰어요. 그러나 윤치호의 아버지 윤웅렬은 아들과 달리 일본 편에 서서 온갖 아첨을 하던 친일파로, 일본으로부터 '남작' 작위까지 받은 사람이었지요.

1911년 조선 총독부는 민족 해방 운동을 탄압하기 위해 데라우치 마사타케 총독의 암살 미수 사건을 거짓으로 꾸몄어요. 그리고 진범을 잡겠다며 무려 600여 명의 독립운동가를 체포했지요. 그중 105명의 독립운동가에게 죄를 물어 감옥에 가두었는데 이 사건을 '105인 사건'이라고 해요. 이때 체포된 윤치호는 아버

동원 動員
어떤 목적을 달성하기 위해 사람을 모으는 일.
動 움직일 **동**
員 인원 **원**

옹호 擁護
두둔하고 편을 들어 지킴.
擁 낄 **옹**
護 도울 **호**

미수 未遂
목표한 것을 시도하였으나 이루지 못함.
未 아닐 **미**
遂 드디어, 따를 **수**

지로부터 물려받은 남작의 작위를 빼앗겼어요. 또 1907년에 설립된 애국 계몽 운동 비밀 결사였던 신민회도 해체되고 독립운동을 하던 사람들의 힘도 많이 약해졌어요.

"힘이 없는 조선은 어쩔 수 없이 강대국 일본의 지배를 받을 수밖에 없는 것 같소. 내가 괜히 독립운동이니 뭐니 하고 나섰다가 큰일을 당했던 것이오."

감옥에서 모진 고문을 받고 1915년 일본 천황의 특사로 석방된 윤치호는 갑자기 달라졌어요. 일본에 반항하고 저항하는 것이 쓸데없는 일이라고 주장하기 시작했지요. 조선 백성들에게 조선과 일본은 하나의 나라라고 주장하더니 이 주장을 바탕으로 조선의 젊은이들을 일본이 일으킨 전쟁터에 총알받이로 내보내기까지 했어요. 이런 활동 덕택에 윤치호는 빼앗겼던 귀족 작위를 돌려받을 수 있었어요. 또 1945년 2월에는 일본의 귀족으로 인정받기까지 했어요. 그렇게 일본의 편에 서서 친일 행각을 하던 윤치호는 조선이 해방되던 해 12월에 쓸쓸히 생을 마감했답니다.

고문 拷問
어떤 사실을 강제로 알아내기 위해 육체적·정신적 고통을 주며 신문함.

拷 칠 고
問 물을 문

배정자

1870~1952. 친일 반민족 행위자 명단 등재, 친일 인명사전 등재

일제 강점기에는 우리나라 곳곳에서 일본의 스파이들이 활동하고 있었어요. 스파이들은 비밀리에 독립운동가들의 행방을 쫓고, 조선 정부의 주요 정보를 캐내 일본 정부에 바치는 일을 했지요. 그중에서도 이토 히로부미의 양녀가 된 배정자는 고종까지 속여 가며 아주 오랫동안 일본을 위해 활동한 여자예요. 훗날 해방이 되고 설치된 '반민족 행위 특별 조사 위원회'에서는 배정자를 친일 여성으로 가장 먼저 잡아들였지요.

배정자는 1870년 김해에서 태어났어요. 아버지가 역적으로 몰려 사형을 당하자, 어머니와 유랑 생활을 했어요. 배고픔을 면하기조차 힘든 생활이 계속되었지요. 열다섯의 어린 나이로 일본에 건너간 배정자는 우연히 이토 히로부미를 만나게 되었어요. 이토 히로부미는 총명하고 미모도 뛰어난 배정자를 양녀로 삼고 스파이 교육을 시켰어요.

"너는 조선으로 가서 중요한 정보를 캐내 오거라."

"예, 아버지."

조선에 들어온 배정자는 일본 공사관에서 생활하면서 황실 주변의 인물들을 사귀었어요. 고종을 만나기까지 했는데 고종은 일본의 신문물을 많이 알고 있는 배정자를 무척 어여뻐했어요.

"네가 알고 있는 일본에 대해 좀 더 이야기해 보거라."

"예, 폐하. 일본은 길에 커다란 기차가 다니고, 한밤중에도 대

양녀 養女
입양에 의해 친딸로서의 신분을 얻은 여자.

養 기를 양
女 여자 녀(여)

낮처럼 환한 불을 쓸 수 있는 나라이옵니다."

배정자는 고종의 환심을 산 후 여러 가지 정보를 캐내 양아버지인 이토 히로부미에게 보고했어요. 그 후 한·일 병합이 이루어지자 독립운동가들의 정보를 빼내 일본에 갖다 바쳤지요.

1941년, 태평양 전쟁이 일어나자 배정자는 일흔이 넘는 나이에도 불구하고 앞장서서 '군인 위문대'라는 이름으로 우리나라 여성들을 위안부로 보내는 역할을 맡아 100여 명을 직접 전쟁터로 끌고 가기도 했어요.

"어찌 네 조국에 이런 짓을 할 수 있느냐!"

"흥, 내 조국이 어디란 말이냐? 나는 일본 사람일 뿐이다."

어렸을 때부터 이토 히로부미에게 세뇌를 당했던 배정자는 조선을 조국이라 생각하지 않았어요. 그녀는 마지막까지 일본에 정보를 넘기려다가 적발되어 숨어 지내다가 '반민족 행위 특별 조사 위원회'에 붙잡혔지요.

세뇌 洗腦
사람이 원래 가지고 있는 의식을 다른 방향으로 바꾸거나 특정한 사상·주의를 따르도록 뇌리에 주입하는 일.

洗 씻을 세
腦 골, 뇌수 뇌

민원식

1886~1921. 친일 반민족 행위자 명단 등재, 친일 인명사전 등재

'펜은 칼보다 강하다.'는 말이 있어요. 펜은 칼로 도저히 설득할 수 없는 사람들의 마음까지 움직일 수 있기 때문이지요. 민원식은 펜을 이용해 여러 사람의 마음을 움직이는 글을 쓰는 사람이었어요. 그런데 그 글이 일제의 식민 정책을 찬양하고 선전하는 글이라는 것이 문제였지요. 비록 조선에서 태어났지만 자신을 뼛속까지 일본인이라고 생각한 민원식은 일제에 대한 강한 충성심을 갖고 있었어요.

"나는 갑오년에 농민들이 전쟁을 일으켰을 때 어머님을 잃었네. 그리고 청나라, 조선, 일본을 이리저리 떠돌아다니며 살았어. 그런 나를 따뜻하게 받아 준 나라는 일본뿐이었다네."

민원식은 일본에 머물 때 일본의 유명 인사 집에 식객으로 머물며 온갖 아첨을 떨었어요. 덕분에 민원식은 조정의 높은 대신들을 소개받았고, 관직을 얻을 수 있었지요. 그러나 관직을 얻은 민원식은 온갖 비리를 저질렀고, 그로 인해 조정에서 쫓겨나고 말았어요.

"우리 일본 편을 들어 줄 단체를 여러 개 만들도록 하게."

"어째서 그래야 합니까?"

"멍청하긴, 사람들을 살살 선동하기 위해서지. 어차피 조선의 백성들은 세상 돌아가는 것에 대해 잘 모르는 무지한 백성들이 아닌가. 돈이든 쌀이든 뭐든 내주고, 일본 편을 들도록 꼬드기란 말일세."

설득 說得
상대편이 이쪽 편을 따르도록 여러 가지로 설명하여 말함.
說 말씀 **설**
得 얻을 **득**

선동 煽動
다른 사람을 부추겨 어떤 일이나 행동에 나서도록 함.
煽 부채질할 **선**
動 움직일 **동**

일본은 한·일 병합을 쉽게 이루기 위해 여러 개의 친일 단체들을 만들어 분위기를 조장했어요. 민원식이 앞장서서 제국 실업회를 만들었지요. 이것은 전국을 돌아다니며 물건을 파는 보부상들의 모임 같은 것이었어요. 민원식은 보부상들에게 돈을 주고 한·일 병합이 나쁜 것이 아니라 아주 좋은 것이라는 말을 하고 다니도록 했지요.

"그래, 여러 사람의 마음을 한꺼번에 움직이려면 글을 써야 해!"

민원식은 친일 신문인 『시사 신문』을 만들어서 일본이 하는 일이 정당하다는 내용의 글을 발표했어요. 『시사 신문』은 조선 총독부 경무국에서 만든 친일 단체인 국민 협회의 기관지로 3·1 운동이 일본의 은혜를 원수로 갚는 배은망덕한 짓이라고 비난하는 등 일본의 입맛에 맞는 기사만 내던 곳이었어요. 민원식은 『시사 신문』에 일본과 조선은 하나라는 내선일체 사상을 앞세워 조선의 청년들이 일본의 전쟁에 나가야 한다는 주장도 했지요. 결국 민원식은 일본 도쿄에서 그의 친일 행각에 분노한 애국 청년 양근환의 칼에 맞아 최후를 맞았어요.

내선일체 內鮮一體
일본과 조선은 한 몸이라는 뜻으로, 일제 강점기 때 일본이 조선인의 정신을 말살하기 위해 만든 구호.

內 안 **내**
鮮 고울, 선생 **선**
一 하나 **일**
體 몸 **체**

최린

1878~1958. 친일 반민족 행위자 명단 등재, 친일 인명사전 등재

최린은 처음에는 독립 선언을 주도했던 민족주의자였지만 결국엔 안타깝게도 일본의 탄압과 회유에 의해 무릎을 꿇고 만 사람이에요.

최린은 젊은 시절 황실 유학생으로 선발되어 일본 메이지 대학 법과를 다녔어요. 1909년 유학을 마치고 돌아온 최린은 천도교 지도자인 손병희를 소개받았어요. 천도교는 조선 후기인 1860년에 최제우가 만든 동학이 바뀐 거예요. 1905년 제3대 교주인 손병희가 친일 활동을 하는 이용구와 관계를 끊은 뒤 천도교로 이름을 바꾸었지요.

"자네처럼 똑똑한 학생이 독립 선언서 만드는 일을 도와주니 든든하구만!"

손병희는 최린과 함께 독립 선언서를 만들며 3·1 운동을 주도했어요. 하지만 최린은 다른 애국지사들만큼 투철한 독립 정신을 갖고 있지 않았어요. 3·1 운동 이후 일본에 붙잡혔을 때 법정에서 이런 말을 했지요.

"저는 사실 한·일 병합에 찬성하지는 않지만…… 지금 생각해 보면 어차피 조선은 한·일 병합을 하게 될 운명이었습니다. 조선은 그만큼 나쁜 상황이었거든요. 그러니까 한·일 병합을 한 건 억지로 일본이 한 게 아니라 어쩔 수 없이 한 일이라고 생각합니다."

이 말을 들은 많은 독립투사들은 탄식할 수밖에 없었지요.

탄식 歎息
한탄하며 한숨을 쉼.
歎 탄식할 탄
息 숨쉴 식

"최린, 너마저 일제의 발아래 무릎을 꿇었구나!"

최린은 3년의 징역형을 선고받았지만 이듬해 바로 석방되었어요. 이때부터 최린은 본격적으로 일제의 앞잡이가 되어 사람들을 선동하기 시작했어요.

"조선이 무턱대고 독립해 봤자 힘이 없는 이 나라에서 할 수 있는 일은 아무것도 없소. 차라리 일제의 지배를 받으면서 차츰차츰 힘을 키워 가는 것이 좋지 않겠소?"

최린은 사람들에게 이렇게 말하고 다녔어요. 겉으로는 독립을 해야 한다고 말하는 것 같지만 사실, 지금 독립해 봤자 소용없으니 일본의 지배를 당연히 받아들이라는 말이었지요.

일본의 만주 침략이 시작되면서 최린은 좀 더 적극적이고 반민족적인 친일 행위를 벌였어요. 1937년에는 『매일신보』의 사장이 되어 일제의 내선일체 사상을 전파하기 시작한 거예요. 신문을 통해 자랑스러운 황국 신민이 되자고 부추겼으며, 전국을 돌아다니며 강연회를 펼치기도 했어요.

그 후 우리나라가 해방되고, 대한민국 정부가 수립된 뒤 최린은 '반민족 행위 특별 조사 위원회'의 고발로 인해 민족의 반역자로 끌려 나와 재판을 받아야 했지요.

황국 신민 皇國臣民
일제 강점기 때 천황이 다스리는 나라의 신하 된 백성이라 하여 일본이 자국민을 이르던 말.

皇 임금 황
國 나라 국
臣 신하 신
民 백성 민

최남선
1890~1957. 친일 반민족 행위자 명단 등재, 친일 인명사전 등재

최남선은 일제 강점기의 문학가이자 역사학자예요. 1908년 『소년』이라는 잡지를 창간하고 그곳에 「해에게서 소년에게」라는 시를 발표하는가 하면, 이광수의 계몽 소설을 싣기도 했지요. 그리고 1914년에는 『청춘』이라는 민족주의 성격을 띤 잡지를 발행해 초창기 문학 발전에 큰 역활을 했어요.

원래 최남선은 독립운동가로 활동했어요. 1919년 3·1 운동 당시만 하더라도 독립 선언서의 기초를 작성한 민족 운동가였지요. 그랬던 최남선이 변하기 시작한 것은 3·1 운동 이후 일본에 체포되었다가 2년 8개월의 형을 선고받고 감옥 생활을 하기 시작하면서부터였어요.

일제는 최남선이 청년들을 선동하는 데 효과가 좋을 거라고 생각해 이듬해인 1920년에 바로 풀어 주었고, 최남선은 본격적인 친일 행동을 하기 시작했지요.

최남선은 일제의 조선 역사 왜곡 작업에 참여했어요. 뿐만 아니라 1928년 조선사 편수회 편수 위원을 맡으면서부터 조선의 역사를 멋대로 왜곡하기 시작했어요. 조선사 편수회는 조선의 역사를 왜곡하고 백성들에게 식민 사관을 심어 놓기 위해 조선 총독부가 만들어 낸 친일 연구 단체였지요. 그 후 최남선은 조선사 편수회 활동을 인정받아, 일제로부터 조선 총독부의 자문 기구인 중추원의 명예직인 참의 직위까지 받았어요.

"조선의 젊은이들은 일본을 위해 전쟁에 나가야 합니다."

선고 宣告
공판정에서 재판장이 판결을 알리는 일.
宣 베풀 선
告 고할 고

왜곡 歪曲
사실과 다르게 해석하거나 그릇되게 함.
歪 기울 왜
曲 굽을 곡

식민 사관 植民史觀
일제 강점기에 일제가 한국 침략과 식민 지배를 정당화하기 위해 조작한 역사관.
植 심을 식
民 백성 민
史 역사 사
觀 볼 관

최남선은 이광수와 함께 학도병 참전을 부추기기 위한 강연회를 열고 연설했어요. 뿐만 아니라 『매일신보』에 일제의 입장을 대변한 글을 쓰기도 했지요. 많은 독립운동가와 민족주의자들이 최남선의 친일 행위에 분개했어요.

"최남선 같은 사람이 어찌 그럴 수 있단 말인가!"

"아아, 민족의 지도자가 되어야 할 사람이 변절자가 되었구나."

1949년 최남선은 '반민족 행위 특별 조사 위원회'의 심판에 넘겨져 감옥에 갇히고 말았어요. 이때 최남선은 자신의 입장을 항변한 「자열서」라는 글을 썼어요. 그 글 속에는 자신이 저지른 행위가 정당하다는 주장만 가득했어요. 끝까지 변명을 늘어놓던 최남선은 한때 민족을 이끄는 지도자에서 변절자로 낙인 찍히게 되었지요.

학도병 學徒兵
학생 신분으로 군대에 들어간 병사. 또는 그 군대.
學 배울 학
徒 무리 도
兵 병사 병

조선의 젊은이들이여, 일본을 위해 전쟁에 참여하시오.

우리가 왜 일본을 위한 전쟁에 나가야 하는 거냐고!

이광수

1892~1950. 친일 반민족 행위자 명단 등재, 친일 인명사전 등재

이광수는 우리나라 최초의 근대적 장편 소설인 「무정」의 작가이자, 『독립신문』 주필, 2·8 독립 선언서 작성자로 이름을 알린 독립운동가였어요. 하지만 일제 말기 이광수는 변절하여 일본 편을 들기 시작했지요.

이광수는 평안도에서 태어났어요. 어렸을 때 전염병으로 부모를 잃고 고아가 된 그는 서울로 와서 일진회의 후원을 받았어요. 그때 일본 유학을 하게 된 이광수는 안창호의 연설을 듣고 독립운동을 하기로 결심했어요. 중국으로 떠나 신채호, 안창호와 함께 독립운동을 하기도 하고, 임시 정부가 만든 『독립신문』의 주필로 일하면서 2·8 독립 선언서를 작성하기도 했어요. 2·8 독립 운동은 3·1 운동에 앞서 일본에서 유학하던 한국 학생들이 먼저 벌인 독립운동이에요.

중국에서의 활동을 접고 조선으로 돌아온 이광수는 수양 동우회 활동으로 일본 헌병에 붙잡히고 말았어요. 수양 동우회는 1913년 안창호가 미국 샌프란시스코에서 설립한 민족 운동 단체인 흥사단에서 1922년 서울과 평양에 조직한 수양 동맹회와 동우 구락부가 1926년에 통합된 단체예요. 수양 동맹회는 이광수가 안창호의 지시로 1922년에 서울에 만든 흥사단 한국 지부였지요. 이광수는 반년 만에 감옥에서 풀려날 수 있었어요. 이때부터 이광수의 행동이 달라졌지요.

"이제부터 내 이름은 가야마 미쓰로라네. 나는 이광수라는

헌병 憲兵
군대에서 경찰 임무를 띤 군인.

憲 법 헌
兵 병사 병

이름을 버리겠어."

이광수는 조선의 청년들에게 학도병에 참여할 것을 권유하는 글을 쓰고, 전국을 다니며 연설을 하였어요.

"내가 변절한 것이 아니라 이 나라가 엉망이기 때문에 바뀔 수밖에 없었던 거야. 나는 아무 죄가 없어!"

1922년 이광수는 월간 『개벽』에 「민족 개조론」을 발표했어요. 우리나라가 후퇴하게 된 것은 민족성이 타락해서라며 민족성이 바뀌어야 더 우수한 나라를 가질 수 있다고 말했지요. 또, 조선인들은 툭하면 싸우기를 좋아하고 편 가르기를 좋아하는 민족이라며 깎아내리기도 했어요. 결국 우리가 잘 살아가려면 일본과의 병합 사실을 받아들이고 일본에 충성해야 한다고 말하려 했던 거예요. 바로 이것이 일본이 바라던 것이었어요. 이광수의 빼어난 글솜씨를 이용해 조선인들끼리 서로 비난하고 깎아내리기를 바랐던 것이지요.

이광수는 비록 우리 민족의 문학사에 큰 의의를 남긴 소설을 쓴 작가이지만 친일 행각으로 민족의 명예를 더럽힌 인물이기도 하답니다.

김은호

1892~1979. 친일 반민족 행위자 명단 등재, 친일 인명사전 등재

왕의 초상화를 그리는 화가를 '어진 화사'라고 해요. 김은호는 원래 조선의 마지막 어진 화사였어요. 그러나 그는 어진 화사라는 이름보다 친일 미술가로 더 잘 알려져 있지요.

1892년 태어난 김은호는 경성 서화 미술원에서 그림을 배운 뒤 귀족이나 일반인들의 초상화를 그리며 지냈어요. 그림을 더 배우고 싶었던 김은호는 1924년 일본으로 건너가 도쿄 미술 학교에서 공부했는데 돈이 없어서 학비를 내지 못한 탓에 주로 몰래 수업을 엿들었다고 해요. 이곳에서 일본식 채색 기법을 익혔지요. 그리고 그렇게 배운 실력으로 제국 미술 전람회에서 입선하는 엄청난 성과를 거두었어요. 다시 조선으로 돌아온 김은호는 어진 화사로 발탁되어 순종의 초상화를 비롯해 태조, 세조의 초상화를 그렸어요.

어느 날 김은호에게 윤덕영이라는 남자가 찾아왔어요. 그는 순종의 비인 순정효 황후의 큰아버지로 1910년 순종에게 '한·일 병합 조약'에 옥새를 찍도록 강요한 친일파였어요. 덕분에 윤덕영은 일본에서 자작 지위를 받았지요.

"애국 금차회의 활동을 담은 그림을 하나 그리고 싶소."

애국 금차회는 친일 귀족들의 아내나 친일 여성들이 모여 일본의 중·일 전쟁 승리를 기원하고 금비녀와 보석 등을 모아 국방헌금을 바치고, 참전 군인을 환송하거나 희생자 가족을 조문하는 조직이었어요. 애국 금차회의 회장이 윤덕영의 아내였지요.

초상화 肖像畫
사람의 얼굴을 중심으로 그린 그림.
肖 닮을, 같을 **초**
像 모양 **상**
畫 그림 **화**

어진 화사 御眞畫師
왕의 초상화를 그리는 사람.
御 거느릴 **어**
眞 참 **진**
畫 그림 **화**
師 스승 **사**

돈이 필요했던 김은호는 이때부터 본격적인 친일 그림을 그리기 시작했어요. 윤덕영의 도움으로 친일 미술 단체인 조선 미술가 협회에서 주최하는 전람회를 비롯해 여러 전시회를 열게 된 김은호는 일본 제국주의에 동조하는 친일 작품을 그려서 전시했어요.

　김은호는 경성 서화 미술원에서 배운 우리의 전통 기법에 일본식 채색 방법을 섞어 그림을 그렸어요. 많은 후배 화가들이 김은호의 화풍을 따라 그리면서 그 방식은 더욱 발전하게 되었지요. 어떤 사람들은 김은호가 미술 작업에 즐겨 썼던 일본풍 그림 기법이 한국화를 근대적 기법으로 발전시켰다고 칭찬하기도 해요. 그래서 어떤 역사가들은 김은호를 친일 화가로만 바라볼 것이 아니라 새롭게 평가해야 한다고 주장하기도 하지요.

　김은호는 1919년 3·1 운동이 일어났을 때 『독립신문』을 배포하다 잡혀 감옥에서 5개월을 보내는 등 나라를 위한 일도 했지만 1924년 도쿄 미술 학교에 입학하면서부터 보인 친일 행적은 지워지지 않는 꼬리표가 되어 따라다니고 있답니다.

홍난파

1898~1941. 친일 인명사전 등재

홍난파는 「고향의 봄」과 「봉선화」를 작곡한 작곡가예요. 사람들은 이 노래가 조선 사람들의 아픔을 잘 표현한 곡이라고 생각해요. 이 노래들은 지금도 한국 동포들이 모인 자리에서 빠지지 않고 불리는 곡이지요. 이 때문에 사람들은 그가 일제에 끝까지 저항한 음악가였으리라 생각하는데, 사실은 그렇지 않아요. 홍난파는 일제 강점기 때 수많은 일본 음악들을 조선 사람들에게 들려준 대표적인 친일 음악가이지요.

처음에 홍난파는 그저 음악을 만드는 일에만 충실했던 작곡가였어요. 일본에서 공부를 하고 돌아온 홍난파는 미국으로 떠나 음악 공부를 더 할 만큼 열정적이었어요. 그런데 민족 운동 단체인 수양 동우회가 일제의 탄압을 받으면서 무려 180명이 넘는 지식인들이 감옥에 갇히는 일이 벌어졌어요. 이때 홍난파 역시 대구 형무소에 갇히고 말았지요.

감옥에 있을 당시 일제의 회유에 넘어간 홍난파는 1937년 조선 총독부가 만든 친일 문예 단체인 조선 문예회에 가입하면서 친일 음악을 발표하기 시작했어요. 홍난파는 작곡가뿐 아니라 지휘자, 연주자로도 활동했는데, 여러 합창대와 경성 방송 관현악단 등의 지휘자로 일본 천황에 대한 애국 음악들을 공연했지요. 이러한 공연은 사람들에게 일본 음악들을 자연스럽게 들려주고, 조선은 일본이 다스리는 나라라는 뜻의 '황국 신민 사상'을 갖게 하려는 것이었어요.

"우리의 전통 음악은 느리고 처지는 음율의 음악이어서 사람들도 무능하고 느리게 만들어. 서양 음악을 들어 봐. 얼마나 경쾌하고 좋은가!"

홍난파는 우리 전통 음악을 무시하고 서양 음악의 장점만을 사람들에게 알렸어요.

사람들은 흔히 홍난파의 대표적인 곡 「봉선화」를 우리 민족의 처량한 신세를 한탄하는 노래라고 생각하는데, 사실 이 노래는 홍난파가 민족의 슬픔을 생각해서 작곡한 곡이 아니에요.

1920년에 홍난파는 『처녀혼』이라는 단편집에 「애수」라는 곡의 악보를 실었어요. 홍난파의 옆집에 살며 평소 자신의 집 울 안에 핀 봉선화를 보면서 곧잘 "우리 신세가 저 봉선화 같다."고 한 성악가 김형준이 「애수」라는 곡에 그 봉선화를 떠올리면서 가사를 붙인 거예요. 하지만 이 노래는 만들어지고도 별로 큰 인기를 끌지 못했어요.

그런데 1942년, '전 일본 신인 음악회'에서 김천애라는 조선 성악가가 흰 치마저고리를 입고 이 노래를 부르는 바람에 널리 알려지게 되었지요. 그 자리에 있던 조선인들이 "마치 우리 신세를 슬퍼하는 노래 같구나!"라며 감동하여 눈물을 흘렸다고 해요. 이 사실을 알게 된 일본은 조선 사람들에게 「봉선화」를 부르지 못하도록 했어요. 그러자 사람들은 행사가 있거나 모임이 있을 때마다 몰래 「봉선화」를 부르며 억울함을 달랬고, 덕분에 이 노래를 작곡한 홍난파가 마치 민족을 대표하는 작곡가인 것처럼 알려지게 되었답니다.

김활란

1899~1970. 친일 반민족 행위자 명단 등재, 친일 인명사전 등재

김활란은 1899년 신앙심 깊은 기독교인 집안에서 태어났어요. 김활란이라는 이름은 세례명인 '헬렌'을 한자식으로 바꾼 것이라고 해요. 서양 문물을 적극적으로 받아들였던 부모님 덕분에 학교에 다니며 공부할 수 있었어요. 1918년 3월 이화 학당 대학과를 졸업한 김활란은 우리나라 여성으로는 최초의 대학 졸업자가 되었지요. 대학 졸업 후 바로 이화 학당 고등 보통학교 교사가 되었는데 3·1 운동이 일어나자 비밀 결사에 참여해 독립운동을 하기도 했어요.

그 후 선교사의 추천으로 미국에서 대학교를 졸업하고 그해 10월 대학원 철학과에 입학해 석사 학위까지 받았어요. 1923년에는 기독교 여자 청년회(YWCA) 대표들을 모아 조선 여자 기독교 청년회 연합회를 만들기도 했지요.

김활란은 1927년 미국 하와이 호놀룰루에서 개최된 제2차 태평양 문제 연구회에 조선 대표로 참석하려 했어요. 이 사실을 알게 된 일본은 회의 참석을 막으려고 온갖 치사한 방법을 다 동원했지요.

"이 회의에는 주권국만 참가할 수 있소이다. 조선은 일본의 속국이니 이 회의에 대표자를 보낼 수 없소."

이때 김활란은 조선에도 참가 자격을 주어야 한다고 항의했지요. 덕분에 우리나라 사람들이 간신히 참석할 수 있었어요.

김활란은 조선 총독부 사회 교육과가 주최한 사회 교화 진흥

주권국 主權國
다른 나라의 간섭을 받지 않고 주권을 완전히 행사할 수 있는 독립국.

主 임금, 주인 **주**
權 권세 **권**
國 나라 **국**

간담회에 참석한 뒤부터 적극적으로 조선 여성들을 끌어들인 친일 행적을 시작했어요. 1937년에는 '조선 부인 문제 연구회'라는 모임을 만들었는데 이 모임은 조선 여성들의 의식 수준을 높이고 교양을 쌓게 한다는 취지였지만, 매일 일본 왕이 거처하는 곳을 향해 절을 하고, 축제일에 일장기를 만들어 게양하게 하는 등 일본의 정책을 앞장서서 실천하기 위한 모임이었어요. 또 애국 금차회 활동에도 앞장섰지요.

그 후 김활란은 '총후 보국(총 뒤에서 나라에 보답한다.)'이라는 주장을 내세워 공부하는 학생들을 산으로 내몰아 전쟁에 필요한 나무를 베어 오게 하고, 여자들의 위안부 징집에도 앞장섰어요. 1938년에는 여자들을 위안부에 동원시키기 위해 강연을 열기까지 했지요. 이러한 친일 행적 덕분에 김활란은 1939년 이화 여자 전문학교와 이화 보육 학교의 교장에 취임할 수 있었어요. 김활란은 여러 차례의 강연과 좌담을 통해 일본의 태평양 전쟁을 찬양하고 학생들의 전쟁 참여를 유도했지요.

그러나 해방이 된 후 그녀는 처벌을 받는 대신 이화 여자 전문학교가 이화 여자 대학교로 승격된 뒤 총장이 되었고, 1950년 8월부터 11월까지 전시 내각의 공보처장까지 지냈어요. 죽은 뒤에는 대한민국 일등 수교 훈장에 추서되기도 했지요.

하지만 지난 2002년 정부에서 발표한 친일파 708인 명단에 선정되었고, 2009년에는 친일 인명사전에 등재됨으로써 친일 행적이 드러나게 되었어요.

취지 趣旨
어떤 일에 담겨진 목적이나 의도.
趣 뜻 취
旨 뜻 지

징집 徵集
병역 의무자에게 현역에 복무할 의무를 부가해 불러 모음.
徵 부를 징
集 모을 집

추서 追敍
사람이 죽은 뒤, 살아 있을 때의 공훈에 따라 관등을 올리거나 훈장 따위를 줌.
追 쫓을, 따를 추
敍 펼, 차례 서

김환

?~?. 친일 반민족 행위자 명단 등재, 친일 인명사전 등재

김환은 일제 강점기에 나팔수 역할을 했던 언론인이었어요. 나팔수란 자기의 의견이 없고 다른 사람의 말이나 입장을 덮어 놓고 따라 말하는 사람을 말해요. 김환은 친일 단체인 일진회가 만든 신문인 『국민신보』와 조선 총독부의 기관지인 『매일신보』, 친일 단체인 국민 협회의 기관지인 『시사 신문』 같은 친일 신문의 기자와 편집인으로 활동했어요.

"어리석은 백성들은 들으라. 조선과 일본은 이미 하나의 나라가 되었다. 우리 조선은 일본에 나라를 뺏긴 것이 아니라 하나로 합쳐진 덕분에 더 커지고 강해진 것이다. 이 얼마나 일본에 감사할 일인가!"

김환은 이런 기사를 쓰고, 사람들에게 조선과 일본이 하나라고 주장했어요.

"독립운동을 하는 것들은 모조리 잡아 넣어야 해. 3·1 운동은 판단력 없는 백성들이 손병희 같은 어리석은 지도자들을 따라 움직인 쓸모없는 행동일 뿐이야."

김환은 독립운동을 매우 어리석은 행동이라고 비판했어요. 다시는 독립운동을 하지 못하도록 해야 한다고 주장했지요. 이렇게 김환은 일본에 대한 사대주의 사상으로 똘똘 뭉친 사람이었어요.

"내가 뭘! 내가 뭘 잘못했다는 거야? 열등한 나라 조선의 국민으로 사는 것보다 일본처럼 좋은 나라, 잘 사는 일등 나라의

나팔수 喇叭手
자기 주견이 없이 다른 사람의 말이나 입장을 덮어 놓고 외워 대는 사람.
喇 나팔 **나(라)**
叭 입 벌릴, 나팔 **팔**
手 손 **수**

판단력 判斷力
사물을 인식해 논리나 기준 등에 따라 판정할 수 있는 능력.
判 판단할 **판**
斷 끊을 **단**
力 힘 **력(역)**

국민으로 사는 것이 훨씬 낫지!"

　김환은 근대화된 일본 문화와 문명을 크게 동경했어요. 조선의 문화는 세계 문화에 비해 100년 가까이 뒤떨어진 미개한 문화라고 말했지요. 어쩌면 김환은 자신이 일본인으로 태어나지 않았다는 사실이 몹시 억울했는지도 몰라요.

미개 未開
사회가 발전되지 않고 문화 수준이 낮은 상태.

未 아닐 미
開 열 개

김동인

1900~1951. 친일 반민족 행위자 명단 등재, 친일 인명사전 등재

김동인은 「감자」와 「광염 소나타」라는 소설로 유명한 근대 소설가예요. 김동인은 평생 글만 쓰며 순수 문학을 추구했던 문인이었어요.

김동인은 평양의 어느 부잣집 아들로 태어났어요. 일본으로 유학을 떠나 미술을 공부하다가 갑자기 전공을 문학으로 바꾸었지요. 김동인은 다른 동료들과 함께 최초의 순수 문학 동인지인 『창조』를 발간하기도 했어요. 이때 필요한 돈은 모두 김동인 자신의 돈으로 메꿨지요.

아버지 덕택에 고생 한 번 해 보지 않고 편안하게 지낼 수 있었던 김동인에게 불행이 닥쳐 온 것은 아버지의 죽음 이후였어요. 김동인의 집안은 점차 생활이 기울어서 나중에는 끼니를 잇지 못할 정도로 가난해졌지요. 가난을 견디지 못한 김동인은 유혹을 견디지 못하고 일제의 손을 잡았어요.

김동인은 스스로 조선 총독부의 경무국을 찾아갔어요. 경무국은 지금으로 치면 경찰서 역할을 하는 곳이에요. 그곳에서 도서과를 찾아간 김동인은 중국에 있는 일본 군인들을 위문하는 '황국 위문단' 활동을 하겠다고 나섰어요.

김동인은 군대에 끌려갈 위기에 처하자 징병을 피하기 위해 더 열심히 활동했어요. 1943년 4월 부민관에서 조선 문인 협회, 조선 하이쿠 작가 협회, 조선 센류 협회, 국민 시가 연맹이 통합하여 결성한 친일 단체인 조선 문인 보국회에 가입하고, 그곳의

전공 專攻
어느 한 분야를 전문적으로 하는 연구. 또는 그 분야.
專 오로지 **전**
攻 칠 **공**

동인지 同人誌
사상, 취미, 경향 등이 같은 사람들끼리 모여 편집하고 발행하는 잡지.
同 한가지, 무리 **동**
人 사람 **인**
誌 기록할 **지**

징병 徵兵
국가가 법령으로 병역 의무자를 일정 기간 동안 군대에 복무시키기 위해 모으는 일.
徵 부를 **징**
兵 병사 **병**

간사를 지내기도 했어요. 덕분에 김동인은 징병을 피할 수 있었지요.

"여러분, 여러분은 이 땅의 희망입니다. 이 땅의 주인이 누구입니까? 바로 학생입니다. 학생은 이 나라를 지킬 의무가 있습니다. 전쟁터로 나가 싸웁시다! 일본을 위해, 이 나라 조선을 위해 싸웁시다!"

김동인은 학생들에게 전쟁터로 나가 싸우라고 강연했어요.

"그런데 선생님은 왜 전쟁터에 나가 싸우지 않으십니까?"

"그, 그건……."

본인은 징병을 피하기 위해 별짓을 다하면서도 이 땅의 어린 학생들에게는 학도병으로 나갈 것을 줄기차게 강요했던 김동인, 그는 큰 문학적 가치를 지니는 소설을 썼지만 친일 반민족 행위자 명단에 이름을 올리는 오점을 남기게 되었지요.

의무 義務
사람으로서 반드시 해야 하는 일.

義 옳을 **의**
務 힘쓸 **무**

주요한

1900~1979. 친일 반민족 행위자 명단 등재, 친일 인명사전 등재

주요한은 시인이자 정치인이에요. 소설 「사랑 손님과 어머니」의 작가 주요섭의 형으로도 유명하지요.

주요한은 김동인, 전영택과 함께 『창조』라는 동인지를 만들어 활동했어요. 주요한은 동인지에 「불놀이」라는 시를 발표하고, 중국으로 건너가 독립운동에 참여하기도 했어요. 상하이 임시 정부의 기관지였던 『독립신문』을 만드는 일에도 앞장섰고, 안창호를 도와 흥사단 활동도 했지요.

1926년 안창호는 수양 동맹회와 동우 구락부를 합쳐 수양 동우회를 만들었어요.

주요한은 수양 동우회의 기관지인 『동광』의 발행인으로 활동하다 1934년에는 수양 동우회 이사장까지 맡았지요. 수양 동우회에는 문인을 비롯하여 변호사, 의사 등 다양한 계층의 지식인들이 참여했어요. 일본은 이런 수양 동우회를 눈엣가시처럼 여길 수밖에 없었지요.

수양 동우회가 독립운동을 지원하며 각종 인쇄물을 만들어 뿌린다는 것을 알게 된 일본은 본격적인 탄압을 시작했어요. 1937년 수양 동우회에 참여했던 많은 지식인들이 수년간의 옥살이를 겪어야만 했지요. 이때 이광수를 비롯한 대부분의 문인이 친일파로 돌아서게 된 거예요. 주요한도 재판을 받던 도중 일제에 협력하겠다고 선언을 했어요.

"나 주요한은 이제부터 조선의 문인이 아니라 대 일본 제국의

발행인 發行人
출판물을 발행하는 사람. 펴낸이.

發 필**발**
行 다닐**행**
人 사람**인**

문인이 될 것을 약속합니다! 제발 저를 용서해 주십시오."

그다음 해에 주요한은 수양 동우회 이름으로 4,000원의 국방 헌금을 종로 경찰서에 헌납하고 완벽한 친일파가 되었어요.

주요한은 1939년 친일 문인 단체인 조선 문인 협회 창립 때 간사를 맡았고, 1940년에는 국민 훈련 후원회라는 단체의 활동에도 앞장섰어요. 이 단체는 조선 사람의 말과 글을 말살시키고 일본어를 가르치기 위해 만들어진 곳이었어요. 이후 조선 문인 보국회, 조선 임전 보국단, 조선 언론 보국회 등 각종 친일 단체에서 활동하며 징병제를 선전하고 태평양 전쟁을 찬양하는 글을 썼지요.

1949년 '반민족 행위 특별 조사 위원회'에 잡혀가게 되었지만 금방 풀려났어요. 그는 그곳에서 조사를 받고 모든 죄값을 치렀다며 떳떳하게 행동했지요. 이 일로 오히려 그는 친일 행위에 대한 면죄부를 받게 된 거예요. 이후 주요한은 국회 의원과 장관 등을 지냈어요.

면죄부 免罪符
책임이나 죄를 없애 주는 조치나 일.

免 면할 면
罪 허물 죄
符 부호 부

채만식

1902~1950. 친일 반민족 행위자 명단 등재, 친일 인명사전 등재

채만식은 사회성 짙은 풍자 소설을 주로 쓰는 작가였어요. 한때는 친일파를 비판하는 풍자 소설을 쓰기도 했지만 가난과 일제의 강압에 그는 힘없이 친일 변절자가 되고 말았지요.

1902년에 태어난 채만식은 일본에서 유학을 하고 조선으로 돌아와 기자 생활을 했어요. 『동아 일보』를 비롯해 『개벽』, 『조선일보』 등에서 기자를 하다 1936년에는 전업 작가가 되었지요.

채만식은 1924년 문예 잡지인 『조선 문단』에 「세 길로」라는 단편 소설을 발표하고 화려하게 작가로 등단했어요. 이후 장편 소설, 단편 소설, 희곡, 수필, 평론 등 300여 편에 가까운 다양한 작품을 썼을 정도로 왕성한 활동을 했어요. 그의 소설 속에는 가난한 농민들의 생활, 무기력한 지식인, 지식인의 고뇌, 사회 현실 등이 사실적으로 표현되어 있지요.

그의 작품 가운데 「레디메이드 인생」은 지식인의 슬픈 현실을 유쾌하게 풀어내고 있어요. 이때까지만 하더라도 채만식의 소설은 일제 강점기의 현실을 신랄하게 비판하고 풍자하는 것이었어요. 특히 소설 「태평 시대」는 친일파를 비판한 장편 소설로 사람들에게 통쾌함을 주었지요. 그러나 이랬던 채만식도 결국은 변절하고 말았어요. 일제의 탄압과 회유를 견딜 수 없었던 거예요.

채만식은 「아름다운 새벽」을 포함해 징병을 선동하고 태평양 전쟁을 지지하는 내용의 친일 작품을 13편이나 썼으며, 일제의 정신과 전쟁 참여를 부추기는 강연을 했어요.

풍자 諷刺
현실의 부정적 현상이나 모순 등을 빗대어 재치 있게 비판함.
諷 풍자할 풍
刺 찌를 자

전업 專業
전문으로 하는 직업.
專 오로지 전
業 업 업

"나는 죄인입니다. 일본이 무서워서 그들이 시키는 대로 소설을 썼습니다. 용서해 주십시오, 국민 여러분!"

해방 이후 채만식은 다른 지식인들과는 달리 「민족의 죄인」이라는 소설을 통해 자신의 잘못을 인정하고 용서를 구했어요. 그러나 그가 친일 행적을 했다는 사실은 절대 지워지지 않는 역사가 되어 남아 있답니다.

현제명

1902~1960. 친일 반민족 행위자 명단 등재, 친일 인명사전 등재

합창 대회나 가곡의 밤에 단골로 불리는 노래 가운데 「희망의 나라로」라는 곡이 있어요. 이 곡은 현제명이 작사, 작곡한 가곡이에요.

현제명은 서울 대학교 음악 대학의 초대 학장으로 우리나라 서양 음악 발전에 큰 영향을 주었어요. 그는 일제 강점기부터 6·25 전쟁 이후까지 각종 연주 단체와 음악인 협회를 결성해 서양 음악을 활성화시키기 위해 노력했지요. 이렇게 현제명이 우리나라 음악 발전에 큰 공을 세운 것은 사실이지만 일제 말기의 행보는 아직도 큰 비판을 받고 있어요. 그도 그럴 것이 현제명은 친일 음악가인 홍난파와 함께 적극적으로 일본에 동조했던 인물이기 때문이지요.

현제명이 친일 음악가가 된 것 역시 홍난파와 마찬가지로 수양 동우회 사건 때문이었어요. 이때 수많은 지식인들이 친일파로 변절했는데, 현제명 역시 일본 헌병에 체포되었다가 친일파로 마음을 바꾸었어요.

조선 총독부는 1937년 친일로 돌아선 문학가, 작곡가 등 예술인을 모아 조선 문예회를 만들었어요. 현제명은 조선 문예회 회원으로 가입하고 천황과 황군을 격려하자는 의미를 담은 「가는 비」, 「서울」 등을 작곡했어요.

현제명은 창씨개명까지 했어요. 자신의 이름을 버리고 '구로야마'라는 일본 이름으로 활동하면서 친일 음악 단체를 결성하기

창씨개명 創氏改名
1940년 일제가 한국인의 성명을 일본식으로 강제 변경시킨 일.
創 비롯할 창
氏 성씨 씨
改 고칠 개
名 이름 명

도 했지요. 또 일제가 황국 신민을 교육시키기 위해 설립한 학교인 경성 대화숙이 주도하는 음악회에서 활동하였고, 경성 대화숙 부설 경성 음악 연구원을 만들기도 했어요.

훗날 경성 음악 연구원은 서울 대학교의 음악 대학으로 편입되어 우리나라 최고의 현대 음악가들을 육성하는 교육 기관이 되었지요.

부설 附設
어떤 기관에 부속시켜 설치함. 또는 그런 시설.
附 붙을 **부**
設 베풀 **설**

친일 음악 단체, 조선 음악 협회

1941년에 창립된 한·일 합동 단체로, 음악을 통해 일본 제국주의의 황국 신민화 정책을 효과적으로 수행하기 위해 결성되었다. 조선 총독부 학무국 국장이 회장이었으며 현제명은 이 단체의 이사 중 한 명이었다.
음악 보국 주간 설정 및 보국 음악회, 국민 개창 운동, 조선 신궁에서의 연성 훈련, 미국·영국 격멸을 위한 적개심 앙양 특별 공연, 전함 헌납 음악 복구를 위한 실내 교향악의 밤, 징병 실시 감사 축하 행사, 전함 건조 기금 헌납을 위한 이화 여자 전문학교 추계 음악회, 태평양 전쟁 3주년 기념 필승 결의 선양 대회 등 음악을 통한 친일 활동에 앞장섰다.

유치진

1905~1974. 친일 반민족 행위자 명단 등재, 친일 인명사전 등재

3·1 운동을 배경으로 만세 운동에 참가했던 학생과 그 어머니의 이야기를 그린 연극 「조국」은 문인 유치진의 대표 작품이에요. 유치진은 「원술랑」, 「마의 태자」, 「자명고」 등 역사와 관련된 연극 대본을 많이 썼지요. 그러나 2009년 친일 반민족 행위자 명단이 새로 발표되었을 때 유치진은 친일 반민족 행위자로 추가되었어요.

"3·1 운동을 배경으로 한 작품까지 썼던 작가가 정말 친일을 했을까?"

사람들은 유치진의 행적을 오해한 것이라고 생각했어요. 하지만 조사해 보니 「조국」은 해방된 다음 해인 1946년에 쓰인 작품이었어요.

유치진은 1905년 경상도 통영에서 태어났어요. 「깃발」, 「행복」이라는 시로 우리나라 현대 문학의 대표적인 인물이 되었지요.

유치진은 일본에서 대학을 다니면서 연극에 관심을 갖게 되었어요. 이때만 하더라도 우리나라에 아직 연극이 제대로 알려지지 않았던 시절이었어요. 유치진은 1931년 서울에 극예술 연구회라는 연극 단체를 만들고 신연극을 알리기 위해 노력했어요.

이때 그가 쓴 작품은 주로 일제에게 핍박당하는 조선 사람들의 생활이 그대로 잘 드러난 것이었어요. 그 당시 발표했던 「토막」이라든지 「소」, 「버드나무」, 「선」, 「동리의 풍경」 등은 극사실주의 작품으로 높이 평가받고 있어요. 하지만 일제의 탄압이 거세지면

오해 誤解
뜻을 잘못 이해함.
誤 그르칠 **오**
解 풀 **해**

핍박 逼迫
바싹 죄어서 억누르고 몹시 괴롭힘.
逼 핍박할 **핍**
迫 핍박할 **박**

서 극예술 연구회는 1938년 강제 해산되었어요. 유치진은 점차 현실을 반영한 희곡보다 사랑과 연애를 주제로 한 가벼운 연극을 발표하기 시작했어요. 나중에는 조선 총독부에서 만든 현대 극장에서 활동하기도 했지요. 현대 극장은 주로 외국에 나가 싸우는 군인들을 순회하며 위문 공연을 하는 곳이었어요.

유치진은 이 극단의 창단을 기념해 「흑룡강」이라는 작품을 만들었어요. 흑룡강은 조선의 농민이 만주로 이주해서 터전을 일구어 나가는 과정을 그린 것으로 일제가 추진하고 있던 분촌 운동을 지원하기 위한 내용이었지요. 분촌 운동이란 일본이 조선을 영구적으로 통치하기 위해 한반도를 대신 차지하고 이 땅에 사는 조선인들을 척박한 만주로 이주시키려는 정책이었어요. 그는 또 을사오적 중 한 명인 이용구를 찬양한 「북진대」라는 연극을 만들기도 했어요.

"모든 것은 일본의 강압에 못 이겨 어쩔 수 없이 만든 것이었을 뿐이다. 나는 죄가 없다."

훗날 유치진은 자서전에서 자신의 친일 작품들은 일제의 강압에 못 이겨 쓴 것이라 고백했어요. 그러나 자신의 부끄러운 친일 행적은 사라지지 않을 오점이 되어 남아 있지요.

이주 移住
본래 살던 지역을 떠나 다른 지역으로 이동해 정착함.

移 옮길 이
住 살 주

모윤숙

1910~1990. 친일 반민족 행위자 명단 등재, 친일 인명사전 등재

모윤숙은 근대 여류 시인이자 정치가예요. 모윤숙의 일생은 우리나라 근현대사의 흐름이나 마찬가지라 할 정도로 파란만장했지요. 모윤숙의 일생이 이토록 가파르고 거칠었던 까닭은 그녀가 시대와 정권에 따라 성향을 바꾸는 박쥐 같은 사람이었기 때문이에요.

그녀는 일제 강점기에는 조선의 딸들에게 일본의 딸, 동방의 딸이 되라 얘기했고, 해방 후에는 유엔 한국 특사로 활동했으며 6·25 전쟁이 끝나자 반공주의자가 되어 사람들에게 "빨갱이를 물리쳐야 한다!"라고 소리쳤지요.

1909년 함경도 원산에서 태어난 모윤숙은 이화 여자 전문학교를 졸업하고 학교와 방송국, 출판사 등에서 활동했어요. 당시 대표적인 신여성이었지요. 이런 모윤숙 역시 지식인들을 회유하려는 일본의 손아귀에서 자유로울 수 없었어요. 모윤숙은 창씨개명은 하지 않았지만, 다른 문인들보다 더 적극적으로 친일 활동을 했어요.

모윤숙은 조선 총독부의 기관지인 『매일신보』 등의 매체를 통해 태평양 전쟁을 찬양하고 일본 침략의 정당성을 설명하는 글과 시를 발표했어요. 또 「어린 날개」, 「아가야 너는」 등 학도병 참전을 부추기는 시를 쓰기도 했어요. 게다가 조선 총독부 산하의 친일 문화 단체인 조선 문인 협회는 물론 임전 대책 협의회, 조선 교화 단체 연합회, 국민 의용대 등 여러 개의 친일 단체에 자

파란만장 波瀾萬丈
파도의 물결치는 것이 만장의 길이나 된다는 뜻으로, 사람의 생활이나 일의 진행이 여러 가지 곡절과 시련이 많고 변화가 심함을 가리키는 말.

波 물결 파
瀾 물결 란(난)
萬 일만 만
丈 어른 장

참전 參戰
전쟁에 참가함.

參 참여할 참
戰 싸움 전

발적으로 참여했지요.

해방이 되자 모윤숙은 자신이 영문학을 전공했다는 사실을 앞세워 이승만 박사와 친밀한 관계를 유지하려고 애썼어요. 덕분에 모윤숙은 1948년 UN 한국 위원회가 남한을 방문했을 당시 남한에서만이라도 단독 선거를 할 수 있도록 UN 한국 위원장을 설득하는 임무를 맡기도 했어요. 그녀는 남한 단독 정부가 수립될 수 있도록 만드는 데 큰 공을 세우고 대한민국 정부가 수립된 후에는 파리에서 열리는 UN 총회에도 파견되었는데, 이때 김활란도 함께 갔었어요.

"모윤숙은 일제의 앞잡이로 일본을 찬양하는 글을 썼던 사람입니다."

"어쩔 수 없네. 지금 우리에겐 인재가 부족해."

이승만은 모윤숙의 친일 행적을 다 알고 있었지만 더 이상 문제 삼지 않았어요. 덕분에 모윤숙은 당시 친일 인사에 대한 '반민 특위'에 고발당하는 일도 피할 수 있었지요. 그러나 당장의 행적은 감출 수 있었는지 몰라도 역사 속에 자신이 저지른 일을 모두 지울 수는 없었어요. 결국 모윤숙은 부끄러운 친일 행적을 가진 사람으로 낙인 찍히고 말았지요.

노천명

1911~1957. 친일 반민족 행위자 명단 등재, 친일 인명사전 등재

시 「사슴」으로 유명한 시인 노천명은 사람들의 마음을 울리는 아름다운 시를 쓴 시인으로 유명해요. 그러나 1941년부터 해방 전까지 했던 그의 친일 활동은 지워지지 않는 오점이 되고 말았답니다.

노천명은 황해도에서 태어났어요. 비교적 부유한 환경에서 자란 노천명은 이화 여자 전문학교 영문과를 졸업했지요. 그 당시만 하더라도 여자들의 사회적 활동이 활발하지 않은 상태였어요. 노천명은 이화 여자 전문학교를 졸업하고 신지식을 적극적으로 받아들인 신여성이었어요. 여자임에도 불구하고 『조선 중앙일보』, 『조선 일보』, 『서울 신문』 등의 기자로 활동했고, 20대에는 서정적인 시도 많이 썼지요.

제2차 세계 대전이 막바지에 이르자 일본은 '일본과 조선은 한 몸이다!'라는 뜻의 내선일체 사상을 강조했어요. 조선인에게서 더 많은 군수 물자를 빼앗기 위한 것이었지요. 이 사상을 퍼트리려면 지식인들의 참여가 필요했어요. 일본은 문인이나 언론인 등 여론을 움직일 수 있는 사람들을 적극적으로 회유하기 시작했어요. 노천명 역시 이 시기 일본에 회유되었지요.

1939년 황국 위문 사절단으로 다른 문인들과 함께 중국으로 파병된 군인들을 위문하고 돌아온 노천명은 본격적인 친일의 글을 쓰기 시작했어요. 1941년에는 조선 문인 협회의 간사가 되기도 했는데, 이곳은 1939년 만들어진 조선 총독부 산하의 친일

파병 派兵
군대를 파견함.
派 갈래, 보낼 파
兵 병사 병

산하 傘下
어떤 조직체나 세력의 관할 아래.
傘 우산 산
下 아래 하

문화 단체예요. 일본이 자기들의 이익을 위해 정치인과 작가들에게 앞잡이 노릇을 시키기 위해 만든 곳이지요. 일본은 조선 문인 협회 회원들에게 전쟁을 찬양하고, 조선의 학생들을 학도병으로 참여시킬 수 있는 글을 쓰라고 했어요.

노천명은 1943년 조선 총독부 기관지인 『매일신보』의 기자로 활동하면서 「님의 부르심을 받들고서」, 「승전의 날」 등 다수의 친일 시를 발표했지요.

노천명은 6·25 전쟁 당시에는 문학가 동맹이라는 좌익 문인 단체에서 활동하기도 했어요. 9월 28일 빼앗겼던 서울을 다시 되찾은 후 노천명은 공산주의를 대표하는 좌익 문인 단체에서 활동한 죄로 재판을 받게 되었지요. 그때 20년이라는 무거운 형이 내려졌지만 여러 문인들의 구명 운동 덕분에 다음 해에 바로 석방될 수 있었어요.

구명 救命
사람의 목숨을 구함.
救 구원할 **구**
命 목숨 **명**

최승희

1911~1969. 친일 인명사전 등재

최승희는 1911년 강원도 홍천에서 태어난 우리나라 최초의 현대 무용가예요. 학교에 다닐 때 너무 똑똑해서 또래 아이들과 같이 공부할 수 없을 정도였다고 해요. 학교에서는 두 번이나 학년을 높여 주었다고 하지요.

최승희의 집안은 무척 자유로웠어요. 1926년, 훗날 영화 제작자가 되는 큰오빠 최승일을 따라 경성 공회당에서 열린 일본 현대 무용의 선구자 '이시이 바쿠' 공연을 본 최승희는 무용가가 되기로 결심하고 일본 유학을 떠났어요. 이시이 바쿠의 제자가 되어 천재적인 재능을 인정받은 최승희는 3년 만에 주연급 무용수가 되어 좋은 평을 받았지요.

1929년 귀국해 '최승희 무용 연구소'를 설립한 최승희는 1931년 문학가인 안막과 결혼하고 활동하다 1933년 일본으로 가 다시 이시이 바쿠의 제자가 되었어요. 당시 전통과 현대 무용을 접목시킨 창작극을 선보였는데 그 공연을 본 사람들은 놀라움을 금치 못했어요. 지금껏 기생이나 추는 것인 줄 알았던 춤을 최승희가 무엇보다 아름다운 예술 작품으로 승화시켰기 때문이지요.

"내 목표는 이 좁은 나라가 아니야."

최승희는 유럽으로 무대를 넓혔어요. 우리나라 고유의 전통 무용을 현대적으로 해석한 「초립동」을 비롯하여 「화랑무」, 「장구춤」 등을 선보여 유럽에서도 큰 인기를 끌었지요. 사람들은 세계 10대 무용수 중 한 명으로 최승희를 손꼽을 정도였어요.

선구자 先驅者
어떤 일이나 사상에서 다른 사람보다 앞선 사람.
先 먼저 선
驅 몰 구
者 사람 자

접목 接木
둘 이상의 다른 현상을 알맞게 조화시키는 것을 비유적으로 이르는 말.
接 이을 접
木 나무 목

그러나 중·일 전쟁이 일어나자 최승희는 다시 우리나라로 돌아와야만 했어요. 일본이 최승희에게 전쟁의 승리를 기원하는 공연을 하도록 강요했기 때문이에요. 최승희는 공연장에서 춤을 추고 얻은 수익금을 군수 헌금으로 바쳐야만 했어요.

"나는 새로운 춤을 만든 것밖에 죄가 없어요."

"천만에! 당신은 공연에다가 일본 전통 색채를 넣어서 부콘, 오이와케, 이케니에 같은 친일 예술 작품을 만들었어."

"그건 일본이 그렇게 시켜서 그런 거예요."

"아무리 그래도 그런 선택을 한 것은 친일 행위요!"

해방 이후 최승희의 친일 행적은 '반민족 행위 특별 조사 위원회'의 조사 대상이 되었어요. 최승희는 오빠, 남편과 함께 월북을 결심했지요. 북한으로 건너간 최승희는 평양에서 '최승희 무용 연구소'를 운영하다 가택에 연금되었고, 1969년 숨을 거두었어요.

정비석

1911~1991. 친일 반민족 행위자 명단 등재, 친일 인명사전 등재

대중 소설가로 유명한 정비석은 1911년 평안도에서 태어났어요. 그는 1929년 6월 신의주 중학교 4학년 때 '신의주 고등 보통학교 생도 사건'에 연루되어 검거되었는데 1930년 10월 치안 유지법 위반과 제령 위반 불경죄로 징역 10월에 집행 유예 5년을 선고받았어요.

'신의주 고등 보통학교 생도 사건'은 신의주뿐만 아니라 진주, 경주 등 전국의 보통학교 학생들이 일제히 수업을 거부하고 시위를 벌인 사건이에요. 이때 정비석은 불순한 사회 운동 혐의가 의심된다며 경찰에 붙잡혔던 것이지요. 이 일로 국내에서의 활동이 자유롭지 못하게 되자 정비석은 일본으로 가서 중학교를 졸업하고 니혼 대학교에서 문학을 공부하며 소설을 쓰기 시작했어요.

대학을 중퇴하고 다시 조선으로 돌아온 정비석은 본격적인 창작 생활을 시작했어요. 『동아 일보』와 『조선 일보』의 신춘문예에 소설이 당선되었고, 문단에 여러 편의 소설을 발표했지요.

정비석은 1940년에는 기자로 취직해서 활동하기도 했어요. 이때부터 정비석의 친일 행위가 본격화되었어요. 정비석이 취직한 곳은 조선 총독부의 기관지인 『매일신보』였던 거예요. 정비석은 기자 생활을 시작하면서 각종 친일 행사에 참여하거나 소감문을 써서 『매일신보』에 실었어요. 그는 조선 문인 협회가 주최하는 일본의 육군 지원병 훈련소 1일 체험 행사에 참여해 직접 훈

생도 生徒
육·해·공군의 장교를 기르는 사관 학교의 학생.

生 날 생
徒 무리 도

련을 받는 체험을 한 뒤 '조선의 청년들이 모두 이런 체험을 한다면 영광이 비칠 것이다.'라는 내용의 소감문 「반도 민초에 일시동인」을 발표하기도 했지요. 조선인의 병역 의무는 일왕이 베푼 은혜나 마찬가지이므로 이를 감사히 여기고 군대에 지원해서 일본에 대한 충성심을 보여야 한다는 내용이에요. 그가 남긴 친일 작품으로는 「국경」, 「군대 생활」, 「조국으로 돌아간다」, 「사격」 등 10여 개가 넘어요.

해방 이후 정비석은 『중앙 신문』 편집 부장을 지냈고 6·25 전쟁 때에는 육군 종군 작가단으로 활동했으며, 1960년대에는 적십자사를 비롯해 방송 윤리 위원회 등 다양한 단체의 대표로도 일했어요. 말년에는 「손자병법」, 「초한지」 등 중국 역사 소설을 다시 쓰거나 우리나라 역사를 바탕으로 한 「김삿갓 풍류 기행」 등의 역사 이야기를 쓰기도 했어요.

그러나 그가 한때 친일파로 활동했다는 사실만큼은 감출 수 없는 역사로 남아 있지요.

종군 從軍
전투 목적 외의 일로 군대를 따라 같이 다님.
從 따를 종
軍 군사 군

김동진
1913~2009. 친일 인명사전 등재

「가고파」는 고향 바다를 그리워하는 마음을 아주 뛰어난 감수성으로 표현한 가곡이에요. 이 노래를 작곡한 사람은 김동진이지요.

김동진이 작곡한 「가고파」나 「봄이 오면」 같은 노래들은 가곡이 무엇인지 제대로 알려지기 전에 만들어진 곡이기 때문에 더욱 뛰어난 평가를 받고 있어요. 김동진은 우리나라에 가곡을 뿌리내리게 만들고 판소리를 현대화시켜 대중에게 널리 알리는 등 다양한 업적을 남겼어요.

새롭게 편집한 「심청전」, 「춘향전」 등을 발표해서 사람들로 하여금 판소리를 다시 생각하게 만들기도 했지요. 그러나 이렇게 우리 고전 음악 연구와 발전을 위해 일생을 바친 음악가 김동진도 과거의 친일 행적에서 자유롭지 못했어요.

1913년 평안도에서 태어난 김동진은 어려서부터 서양 음악을 접하고 연주할 수 있었어요. 바이올린부터 피아노까지 여러 악기를 능숙하게 다뤘고, 작곡도 잘했지요. 김동진의 대표곡이라 할 수 있는 「봄이 오면」, 「뱃노래」 같은 노래들은 겨우 중학생 때 만든 것들이에요.

"아버지, 음악을 좀 더 깊이 있게 공부하고 싶습니다."

김동진은 일본 고등 음악 학교의 바이올린과에 진학했고, 졸업하고 나서는 만주의 신경 교향악단 바이올린 연주자로 활동했어요. 그런데 김동진이 활동한 신경 교향악단은 일본이 만주 지

대중 大衆
수많은 사람의 무리.
大 클, 큰 **대**
衆 무리 **중**

방을 비롯해 중국의 북동부 지역을 점령한 뒤 지배를 좀 더 수월하게 하기 위해 만든 곳이었어요.

만주에도 중국 정부가 있었지만 그들은 제대로 힘을 쓸 수가 없었어요. 모든 힘은 일본의 관동군 사령관이 갖고 있었지요.

"만주국 건국 10주년을 기념하여 조선의 예술인들에게 기념곡을 쓰게 하고, 작품을 만들도록 하시오."

김동진은 1939년에 만주의 신경 교향악단에 입단해 제1바이올린 연주자 겸 작곡가로 활동했어요. 이때 만주 작곡가 협회에 가입하고 만주국 건국을 찬양하는 음악을 작곡하는 등 일본 제국의 만주 정책에 적극적으로 앞장섰지요. 이때의 행적이 김동진의 업적에 큰 걸림돌이 되었어요.

관동군 關東軍
일제 강점기에 일본이 중국을 침략하기 위해 관동주 및 만주에 주둔시킨 일본 육군 부대들.

關 관계할 **관**
東 동녘 **동**
軍 군사 **군**

일본의 야망, 만주국

일본은 1910년 강제 한·일 병합으로 대한 제국의 통치권을 빼앗았다. 일본의 야망은 한 나라에 그치지 않았다. 세계 대공황으로 경제적인 어려움에 빠진 1920년대 말, 일본은 중국으로 눈을 돌렸고, 우선 만주 지역을 식민지로 만들어 필요한 자원을 충당하기로 했다. 만주 지역은 지금의 봉천, 길림성, 흑룡강성의 동북 지역이다. 일본은 1931년 9월 18일 남만주에 있는 철도를 폭파한 뒤 중국에서 한 일이라며 거짓으로 몰아부쳤다. 그러고 나서 철도를 보호한다는 명분으로 군대를 보냈는데 그게 바로 '관동군'이다. 관동군은 5일 만에 만주 전 지역을 점령하고 1932년 3월 1일에 만주국을 세웠다. 그리고 1912년 중화민국이 수립되면서 황제의 자리에서 밀려났던 청나라의 마지막 황제 부의를 허수아비 황제로 내세웠다.
만주국을 인정할 수 없었던 중국 정부의 요청으로 국제 연맹이 일본에 관동군 철수를 요구했지만 일본은 아예 국제 연맹을 탈퇴해 버리고 본격적으로 대륙 침략에 나섰다. 1937년의 중·일 전쟁, 1945년의 태평양 전쟁이 그것이다. 하지만 1945년 소련이 대일 선전 포고 후 제2차 세계 대전에 참전하면서 관동군이 패전하자 각곳에서 반란이 일어났고, 허수아비 황제 부의도 소련으로 잡혀갔다가 9년 만에 중국으로 되돌아올 수 있었다. 결국 일본의 야심찬 야망의 시작이었던 만주국도 무너지고 말았다.

김기창

1913~2001. 친일 반민족 행위자 명단 등재, 친일 인명사전 등재

김기창은 우리나라 미술이 근대 한국화에서 현대 미술로 발전해 갈 수 있도록 중간 다리 역할을 한 예술가예요. 어진 화사였던 김은호 화백의 제자로도 유명하지요. 그러나 스승인 김은호가 친일 미술가였듯 김기창 역시 스승을 따라 친일 행적을 할 수밖에 없었어요. 17세부터 김은호 화백에게 미술 교육을 받았던 김기창은 김은호의 닮은꼴이라 해도 과언이 아닐 정도로 스승을 닮은 삶을 살았지요.

김기창은 어렸을 때 장티푸스에 걸려 청각 장애를 갖게 되었어요. 여학교를 졸업한 신여성이었던 김기창의 어머니는 학교에 적응을 못하는 아들을 위해 직접 한글, 한문, 영어 등을 가르쳤어요. 김은호에게 그림을 배우도록 한 사람도 바로 어머니였지요. 김기창은 김은호에게 그림을 배운 지 고작 6개월 만에 조선 미술 전람회에서 입선하는 성과를 냈어요.

"역시, 그 선생에 그 제자로군!"

"아니야, 스승보다 뛰어난 제자가 틀림없어!"

김기창은 같은 전람회에서 무려 네 번이나 특선을 했어요. 사실 조선 미술 전람회는 일제 강점기에 조선 총독부가 주최했던 공모전이었어요. 스물세 번이나 진행된 이 공모전은 예술가들을 발굴하는 계기가 되었지만, 한편으로는 우리나라의 미술 화풍을 일본풍으로 바꾸게 만들기도 했어요.

조선 미술 전람회의 추천 작가가 된 김기창은 스승을 따라 본

화백 畫伯
화가를 높여 부르는 말.
畫 그림 화
伯 맏 백

발굴 發掘
세상에 잘 알려지지 않았거나 뛰어난 것을 찾아 밝혀냄.
發 필 발
掘 팔 굴

격적인 친일 그림을 그리기 시작했어요. 징병제 실시를 기념해 친일 미술 단체인 조선 미술가 협회가 개최한 반도 총후 미술 전람회를 비롯해 조선 남화 연맹전, 애국 백인일수 전람회 등에 일본의 전쟁을 찬양하는 그림들을 제작하여 전시했고, 전쟁을 찬양하고 참전을 부추기는 친일 글에 삽화를 그려 넣기도 했지요. 강제 징집을 선동하는 시화 연재물인 「님의 부르심을 받들고서」에 삽화를 그린 사람 역시 김기창이에요. 또 일제를 찬양하고 황국 신민으로서의 영광을 드높이기 위해 열린 결전 미술전에서 수상도 했는데 결전 미술전은 친일 미술 행각의 최고점이라 할 수 있어요.

해방 이후 김기창은 화풍을 여러 번 바꾸고, 역사 위인들의 영정을 제작하고, 청각 장애아들을 위한 단체에 큰 기금을 만들어 기부하기도 했어요. 세종 대왕 표준 영정과 만 원짜리 지폐에 있는 세종 대왕의 얼굴을 그린 사람도 김기창이지요. 그러나 그런 활동들이 김기창의 친일 행적을 다 덮을 수는 없어요.

사람들은 문학이나 음악, 그림을 그리는 예술가들의 친일 행적을 더 비판적으로 보고 있어요. 그도 그럴 것이 이들은 예술 작품 활동을 통해 다른 사람들의 마음을 쉽게 움직이고, 더 큰 영향을 미치기 때문이지요. 김기창이 우리나라 미술계에 남긴 영향은 아주 큰 것이지만, 그의 친일 행적을 용서할 수 없는 것은 바로 이러한 이유 때문이에요.

서정주

1915~2000. 친일 반민족 행위자 명단 등재, 친일 인명사전 등재

「국화 옆에서」라는 시로 유명한 서정주는 오랫동안 우리나라 국민들의 사랑을 받아 온 대표적인 시인이에요. 많은 사람들이 서정주의 시를 동경하고 좋아했지요. 서정주의 시는 교과서에 실리기도 했어요. 그런데 지난 2000년 이후 서정주의 친일 행적이 드러나고 말았어요. 그가 권력자들에게 아첨하며 썼던 시들이 세상에 드러나자 사람들은 여간 실망한 게 아니었어요.

고창에서 태어난 서정주는 『동아 일보』 신춘문예에 「벽」이라는 시가 당선되면서 시인의 길을 걷기 시작했어요. 우리말을 아름답게 표현하는 데 탁월한 능력이 있었던 서정주는 민족의 아픔을 시로 표현해 큰 사랑을 받았어요. 사람들은 서정주에게 '천재 시인'이라는 찬사를 아끼지 않았지요.

그런데 과거 일제 강점기 때 서정주가 조선 총독부의 기관지인 『매일신보』에 일본이 태평양 전쟁을 일으킨 것을 미화시키고, 당연하게 받아들여야 한다는 시를 발표했던 사실이 드러났어요. 다른 변절한 문인과 지식인들이 그랬던 것처럼 서정주 역시 젊은 이들에게 전쟁에 참여하는 것이야말로 영광스러운 일이라고 말하기도 했지요.

또, 서정주는 전쟁터를 찾아다니며 일본군의 활약상을 기록하기도 했어요. 해방 이후에는 이러한 친일 행각을 숨기고 이승만 대통령의 전기를 쓰기도 하고, 박정희 대통령과 전두환 대통령이 집권했을 때에는 그들을 지지하는 글을 썼지요.

동경 憧憬
어떤 것을 간절히 그리워하여 그것만 생각함.
憧 동경할 **동**
憬 깨달을, 동경할 **경**

천재 天才
선천적으로 타고난, 남보다 훨씬 뛰어난 재주. 또는 그런 재능을 가진 사람.
天 하늘 **천**
才 재주 **재**

전기 傳記
한 사람의 일생 동안의 행적을 적은 기록.
傳 전할 **전**
記 기록할 **기**

시대의 권력에 고개 숙인 서정주는 아주 편안한 삶을 살 수 있었어요. 하지만 그의 시는 영원히 용서받지 못할 산물이 되어 남아 있지요. 한때 사람들의 마음을 울렸던 그의 시가 이제는 사람들을 분노하게 만드는 시가 된 거예요.

"그런 시를 쓴 것은 내 탓이 아니라네. 나는 그저 강제로 군대에 끌려가는 것을 막으려고 일본 편을 들었을 뿐이야."

서정주는 이렇게 변명했지만 그가 한 행위는 절대 용서받지 못할 거예요.

조우식

?~?. 친일 반민족 행위자 명단 등재, 친일 인명사전 등재

조우식은 일제 강점기에 활동했던 화가이자 시인이었어요. 여러 방면에 예술적 재능을 갖고 있던 인물이지만 1930년대 후반에서 6·25 전쟁까지의 짧은 활동에 대해서만 알려져 있지요. 사람들이 조우식을 주목하기 시작한 것은 '일제 강점하 반민족 행위 진상 규명에 관한 특별법'에 의해 친일 반민족 행위자를 조사하면서부터였어요. 조우식은 1940년대 적극적인 친일 작품 활동을 펼친 친일파였던 거예요.

조우식은 1937년 일본에서 니혼 미술 학교에 다니던 중 제16회 조선 미술 전람회에서 「남자」라는 작품으로 상을 받았어요. 그 후 일본에서 함께 유학중이던 친구들과 경성에서 여러 번 전시회를 열었고, 학생 극단인 동경 학생 예술좌에서 무대 감독을 맡기도 했지요. 일본에서 신인 예술가로 대접을 받게 된 조우식은 초현실주의와 추상 미술에 관심이 많았어요. 그는 조선 총독부의 기관지인 『매일신보』에 초현실주의에 대한 글을 발표하기도 하고, 경성 제국 대학 갤러리에서 친구와 추상 미술 및 사진을 전시하기도 했지요.

"대체 저게 무슨 그림이지?"

"추상주의? 뭐 그런 그림이라는데 도무지 알 수 없는 신기한 느낌이더군."

추상 미술에 대해 잘 알려지지 않았던 때라 조우식의 작품은 사람들의 관심을 끌기에 충분했어요. 덕분에 조우식은 영향력

주목 注目
관심을 가지고 주의 깊게 살핌.

注 부을 주
目 눈 목

추상 미술 抽象美術
눈에 보이는 사물을 대상으로 하지 않는 미술.

抽 뽑을 추
象 코끼리 상
美 아름다울 미
術 재주 술

있는 예술가로 자리 잡게 되었지요.

1940년대 이후 조우식은 미술 활동보다는 문학 활동에 더욱 집중했어요. 이때 발표된 작품들은 대부분 친일 작품들이었지요.

"여러분, 이 작품은 일본이 일으킨 전쟁을 찬양하고 전쟁에 참여했던 영웅들을 칭송하는 것입니다!"

다른 변절한 지식인들이 그랬던 것처럼 조우식 역시 학생들에게 전쟁에 참여할 것을 부추겼어요. 또 각종 친일 행사에 나서 일본 해군과 전쟁을 찬양하는 시를 낭독하기도 했지요. 조우식은 해방 이후 『서울 신문』과 『경향 신문』에서 일한 것으로 알려졌는데, 6·25 전쟁 이후에 그의 행적은 좀처럼 알려진 것이 없어요.

〈참고도서〉
청솔출판사 『한권으로 풀어쓴 이야기 신라왕조사』_여성구, 2002
진명출판사 『백지원의 고려왕조실록』_백지원, 2010
도서출판 예벗 『같이 읽는 고려왕조실록』_조병찬, 2015
웅진지식하우스, 『한권으로 읽는 조선왕실계보』_박영규, 2008
『고려사열전』
이가서 『국가를 망친 통치자들』_미란다 트위스, 2016
돌베개 『친일파 99인 1, 2, 3』 반민족문제연구소, 1993
백과사전
민족문제연구소 『친일인명사전』, 2009